1　鴨川にかかる五条大橋から北をのぞむ

右手遠くにみえる山が比叡山，そして川上にみえる橋が松原橋である．松原橋は，上杉本洛中洛外図屛風では，二本に分かれた「五条のはし」がかかっていたところ．戦国時代までであれば，清水寺へ参詣するための橋であると同時に，東国と洛中をつなぐ重要な橋でもあった．弁慶と牛若が出会い，信長が上洛したさいにも渡った橋である．500 年に近い歳月は何もかも変えてしまったが，鴨川の水だけは今もかわらず流れつづけている．

2　上杉本洛中洛外図屛風・右隻（下京隻）

下京とその南東にひろがる洛外の光景を西からながめたすがたで描く．左隻と同様，下京が画面のかなりの部分を占めるが，鴨川とその東にひろがる光景も相当に神経をつかって描かれている．また，下京の北に天皇が住まう「内裏様」のすがたが大きく描かれている点も特徴的である．祇園会（祇園祭）の光景が躍動的に描かれることで，下京のにぎわいが今にも聞こえてきそうである．

3　上杉本洛中洛外図屏風・左隻（上京隻）

上京とその北西にひろがる洛外の光景を東からながめたすがたで描く．ただし，画面のほとんどを上京が占めているため，洛外に点在する情景の距離感はかなりデフォルメされている．また，きわだって大きく描かれた「室町殿」「細川殿」「典厩」など武家屋敷のすがたが目をひくが，寺院や街路・街区など，それ以外の光景にもこまやかな神経がつかわれており，見るものの目をあきさせない．

4　六角堂頂法寺

上からみると文字どおり六角形をした本堂のすがた．ただし，上杉本洛中洛外図屛風では，六角形には描かれていない．戦国時代には，洛中に危機が迫ったとき，上京の革堂の鐘とともに，この六角堂の鐘が「集会の鐘」として打ち鳴らされた．六角堂が下京の中心部にあったためであろう．当時の人々の感覚では鐘の音が聞こえるところまでが下京の範囲だったのかもしれない．

5　御霊神社（上御霊社）

上杉本洛中洛外図屛風に「上ごりやう」（上御霊）と墨書されたところに現在も所在する．応仁・文明の乱勃発の引き金をひくことになった畠山政長が立て籠もったところである．おそらく，当時の境内地は現在よりはるかに広かったのであろう．当社の祭礼である御霊祭では，今でも戦国時代をほうふつとさせる剣鉾のすがたをみることができる．

歴史の旅

戦国時代の京都を歩く

河内将芳

吉川弘文館

目　次

『上杉本洛中洛外図屛風』を歩く―プロローグ―　1
戦国時代の京都をたどる／『上杉本洛中洛外図屛風』を歩く／戦国時代の後半からおわりの時期の京都を歩く／洛中と洛外、そして上京と下京／惣構に囲まれた上京と下京／戦国時代の洛中洛外

Ⅰ　戦国時代の洛中を歩く

一　惣構に囲まれた上京を歩く　16
「上ごりやう」（上御霊社、御霊神社）／御霊祭／上京の北端から小川へ／「法鏡寺殿」（宝鏡寺）／「細川殿」と「典厩」／「三好筑前」／「近衛殿」と「入江殿」／「たちうり」（立売）と室町頭町／「公方様」／裏築地町／「はたけ山のつし」（畠山辻子）と「徳大寺殿」／「せいくわんじ」（誓願寺）「かうだう」（革堂、行願寺）「百万へん」（百万遍知恩寺）／「ふろ」（風呂）／「もとりはし」（戻橋）

二　惣構に囲まれた下京を歩く　53
三条烏丸場町／饅頭屋町／「二条殿」／信長の「二条屋敷」／「めうかくじ」（妙覚寺）と「めうけんじ」（妙顕寺）／西洞院通りから

「法能寺」（本能寺）へ／姥柳町の南蛮寺／祇園会（祇園祭）山鉾巡行／「三わう」（山王）／風流踊／五条馬市／「玉津島」「ひんてん寺」（悲田寺）「いなはだう」（因幡堂、平等寺）／「おうまん所」（大政所）／「六かくだう」（六角堂、頂法寺）

Ⅱ　戦国時代の洛外を歩く

一　鴨川を渡る　90

鴨川を渡る／「五条のはし」（五条橋）／法城寺と「大こくだう」（大黒堂）／「ろくはら」（六波羅）と「しるたに」（汁谷）／五条通りから松原通りへ／「四条のはし」（四条橋）／「くわぢやとの」（冠者殿）と失われた大鳥居／描かれていない三条橋／「へんけい石」（弁慶石）

二　北野あたりをめぐる　115

北野／千本／「千本ゑんまたう」（千本閻魔堂、柏野閻魔堂、引接寺）／「北野しやかんたう」（北野釈迦堂、千本釈迦堂、大報恩寺）／「北野きやうだう」（北野経堂、北野経王堂）／影向松／忌明塔／「北野」（北野社、北野天満宮）と失われた北野祭

天正三年の旅人―エピローグ―　135

天正三年の旅人／島津家久がたどった行程／洛中と洛外

『上杉本洛中洛外図屛風』を歩く—プロローグ—

戦国時代の京都をたどる

歴史は、失われた過去である。したがって、現在を生きるわたしたちは、だれひとりとしてそれをみたり、体験したりすることはできない。しかし、過去は、けっして空想や架空のできごとではない。かならず現在にもその痕跡を残している。

たとえば、過去に生きた人々がその時代に書き残した古文書《こもんじょ》や古記録《こきろく》といったものもその痕跡のひとつであり、それを手がかりに歴史を考えていこうとする学問が、いわゆる歴史学（文献史学《ぶんけんしがく》）であることはよく知られている。いっぽう、地中に埋もれてしまった痕跡を掘りおこし、出てきた遺物や遺構などを手がかりに歴史を考えていこうとする学問が、考古学であることもよく知られていよう。

このように、現在に残された痕跡をどのような方法によってすくいとっていくのかによって、ひとつの過去もまた、さまざまな顔をもった歴史としてそのすがたかたちをあらわしてくることになる。ただし、歴史学や考古学といった学問を思いどおりにつかえるようになるためには、それなりの訓練や経験が必要である。したがって、今すぐに思い立ったからといって、それを実行に移せるというわけではけっしてない。

そういう意味では、多少の技術を身につけておかなければならないわけだが、しかしながら、過去の痕跡は、そのような技術がなければ、たどることができないというものでもない。たとえば、歴史に関心をもつ人なら、これまですでに経験したことがあるように、古くからある寺院や神社、あるいは城跡などをおとずれてもそれは体感できるし、また、わざわざそのようなところに行かなくとも、みなれた風景や地名・町名などにも過去の痕跡はかならず残されているものだからである。本書は、そのような数ある失われた過去のうち、戦国時代の京都について、その歴史をたどってみようとするものである。

『上杉本洛中洛外図屏風』を歩く

もっとも、戦国時代とひとことでいっても、およそ一〇〇年におよぶ時間の幅があるので、これだけではあまりにもあいまいといわざるをえない。そこで、本書では、桃山絵画を代表する絵師のひとり、狩野永徳《かのうえいとく》とその一門によって描かれ、そして、織田信長から上杉謙信へ贈られたという逸話（『〈謙信公〉御書集《ごしょしゅう》』）でも有名な『上杉本洛中洛外図屏風《うえすぎぼんらくちゅうらくがいずびょうぶ》』（米沢市上杉博物館所蔵、以下、上杉本）のなかを歩いていくことで、戦国時代の京都を体感してみたいと思う。

ここで、わざわざ上杉本に焦点をしぼったのは、戦国時代の京都を描いた、数ある洛中洛外図屏風のなかでも、きわだって保存状態もよく、そのうえ、歴史学（文献史学）による研究蓄積もまた、ぶ厚いものがあるという点がその理由としてあげられる（『標注　洛中洛外図屏風　上杉本』一九八三、『洛中洛外図大観』一九八七、『図説上杉本洛中洛外図屏風を見る』一九九四、黒田（日）一九九六、小島　二〇〇九）。

また、上杉本には、地名や通り名、あるいは施設の名称などの書きこみ（墨書《ぼくしょ》）がみられ、それらのうちかなりの部分が現在のものと符合するという点も理由としてあげられよう。しかも、京都の場合、寛永《かんえい》年間（一六二四〜四四）という、江戸時代のなかでも早い時期に作成された『洛中絵図《らくちゅうえず》』（京都大学附属図書館所蔵、宮内庁書陵部所蔵）など、実測にもとづく地図が残されていることも上杉本のなかを歩いていくのには大いに役立つのではないかと思われる。

このように、本書でおこなってみようということとは、戦国時代に生きた人々が書き残した古文書や古記録など文献史料によってあきらかとなる歴史のうえに、地名や地図などの情報を重ねあわせることで、上杉本に描かれた場所やことがらをたどっていく試みといえる。

おそらくこのような試みというのは、どこでもできるといったものではけっしてなく、中世日本の首都であり、公家や武家、あるいは日本を代表する寺院や神社が所在してきたため、関連する史料（資料）が数多く残されている京都をのぞいては不可能なことといえよう。そういう意味では、事典類や歴史ガイドにみられるような網羅的なことがらについては、本書ではとくにふれないということをあらかじめご了解いただければと思う。

それでは、これからわたしたちが歩いていこうとする上杉本とは、いったいいつごろつくられ（制作年代という）、また、そこに描かれた京都というのは、いつごろのすがた（景観年代という）なのだろうか。じつは、これらの点についても、近年、研究がすすみ、現在のところ、その制作年代は、おおよそ永禄《えいろく》年間（一五五八〜七〇）ではないかと考えられている（瀬田　二〇〇九、黒田(日)　一九九六）。

もっとも、そこに描かれた景観のほうは、永禄年間だけではなく、それよりまえの天文《てんぶん》年間（一五三二〜五五）後半のものもふくまれているのではないかと考えられている。おそらくそれは、上杉本のような絵画が、地図や写真とは異なり、さまざまなルールや事情にしたがって描かれるものであったためであろう。

したがって、実際には、自然災害や戦災によって失われ、再建の手が加えられていない施設が描かれていいたり、また、その逆もみられるなど、おのおのの場面については、かなり慎重な検討が必要となってくる（高橋〈康〉一九八八）。上杉本をみていくさいにも、当然、このような点を理解したうえで、とりあつかっていかなければならないわけだが、それらのことをふまえたうえで、上杉本に描かれた京都とは、おおよそでいえば、天文五年（一五三六）七月におこった天文法華《てんぶんほっけ》の乱による焼亡から永禄十一年（一五六八）九月に信長が足利義昭《あしかがよしあき》とともに上洛したあたりまでのすがたとみてよいであろう。

つまり、これからわたしたちが歩いていこうとする京都とは、戦国時代のなかでも後半からおわりに近い時期の京都となる。もっとも、これまたよく知られているように、上杉本に描かれた光景というのは、それまでの大和絵《やまとえ》の流れをくんで春夏秋冬がちりばめられており、季節でさえ一定とはいえない（武田 一九八四）。したがって、画面上に描かれた一本の道を歩いていても、いつのまにか季節がかわってしまうということもけっしてめずらしくはないが、しかしながら、このような実際にはありえないことなども、本書がおこなおうとする試みの楽しみとして、いっしょに味わっていただければさいわいに思う。

戦国時代の後半からおわりの時期の京都を歩く

ところで、戦国時代の後半からおわりに近いこのころ、その位にあった天皇といえば、後奈良《ごなら》天皇（在位、大永《だいえい》六年（一五二六）～弘治《こうじ》三年（一五五七））や正親町《おおぎまち》天皇（在位、弘治三年（一五五七）～天正《てんしょう》十四年（一五八六））であり、また、将軍の職にあったのは、足利義晴《あしかがよしはる》（在職、大永元年（一五二一）～天文十五年（一五四六））や足利義輝《あしかがよしてる》（在職、天文十五年（一五四六）～永禄八年（一五六五））となる。

もっとも、これもまたよく知られているように、この時期の京都をめぐる政治的な実権は、内裏《だいり》（禁裏《きんり》）に住まう天皇にはもちろんなく、同様に、義晴や義輝がしばしば京都から近江国《おうみのくに》（滋賀県）へと避難を余儀なくされたことでもわかるように、将軍の手元にもないことが多かった。

この時期、京都をはじめとした畿内近国に大きな影響力をおよぼしていたのは、三好長慶《みよしながよし》やその被官《ひかん》（家臣）である三好三人衆・松永久秀《まつながひさひで》ら、いわゆる三好政権である（今谷　一九八五、天野　二〇一〇）。三好氏は、阿《あ》波国《わのくに》（徳島県）出身の武士であり、もともとは幕府をささえ、管領《かんれい》という重職にもつくことで知られた細川宗家（京兆家《けいちょうけ》）の被官であったが、長慶がその主筋にあたる細川晴元《ほそかわはるもと》を追い落とし、そして、将軍義輝をも京都から追い落とすことで、実効支配の端緒をつかむことになった。ときに、天文十九年（一五五〇）十一月のことである。

その後は、長慶と義輝とのあいだで攻防がつづき、永禄元年（一五五八）以降は両者のあいだで和睦《わぼく》が成立、義輝も京都にその居をかまえるようにはなる。しかしながら、永禄七年（一五六四）の長慶死後、その権力をうけついだ三好三人衆と松永久秀の子久通《ひさみち》らによって義輝が永禄八年（一五六五）五月に暗殺されてしまうことで、政局の混乱は頂点に達することになった。信長が、その義輝の弟である足利義昭とともに上洛するのは、これからわずか三年後のことであるが、いずれにしても、わたしたちがこれから歩いていこうとする京都が、政治的には緊張に満ちたところであったという点は注意しておいてもよいだろう。

ところで、美術作品としての上杉本は、六曲一双《ろくきょくいっそう》という屛風のかたちをしている。六曲とは、六枚のパネル（扇《せん》という）をつないで仕立ててあるという意味であり、また一双とは、六枚のパネルをつないだ隻《せき》が左右ふたつあることを意味する。ちなみに、上杉本では、おもに左隻（左側の隻）に上京《かみぎょう》のすがたが、また右隻（右側の隻）に下京《しもぎょう》のすがたが描かれているため、左隻のことを上京隻、右隻のことを下京隻ともよんでいる。

ここでいう上京とは、京都の市街地のうち北部を意味し、下京とは、南部を意味するが、この上京・下京、あるいは洛中・洛外が意味するところについては、ややわかりにくいところもあるので、あらかじめ説明を加えておくことにしよう（河内　二〇一〇）。

洛中と洛外、そして上京と下京

戦国時代の京都の原型が、古代の平安京にまでさかのぼることはまちがいない。しかしながら、その平安京がそのまま戦国時代の京都へと変貌していったのかといえば、そういうわけではけっしてない。たとえば、平安京は、すでに平安時代後期には、朱雀大路《すざくおおじ》という中央の道路によって区切られた左京《さきょう》（東京）と右京《うきょう》（西京）のうち、いっぽうの右京が荒廃し、左京のみが残されるという変化をみせたことでも知られているからである（『池亭記《ちていき》』）。

また、左京のことを洛陽《らくよう》、右京のことを長安《ちょうあん》ともよんでいたため（『帝王編年記《ていおうへんねんき》』）、鎌倉時代には、残された左京＝洛陽の中だけが、京中《きょうちゅう》（京都の中）であるとも認識されるようになっていた。これがすなわち、洛中であり、北は一条大路、南は九条大路、東は京極大路《きょうごくおおじ》（東京極大路）、西は朱雀大路に囲まれたところがその範囲となる（『方丈記《ほうじょうき》』）。

いっぽう、これらと並行して、洛中（京中）のなかも、平安時代後期以降、東西に走る二条大路を境にして北側を上辺《かみわたり》（上渡）、南側を下辺《しもわたり》（下渡）とよぶようになっていったことが知られている。そして、それらが、室町時代に入ると、上京・下京とよばれるようになった。

このように、洛中は、時代をへるにつれ、どんどん小さく、せまくなっていったことが知られるわけだが、逆に、この範囲の外は辺土《へんど》や洛外とよばれ、京都に住む人々、とりわけ公家たちの認識では、洛中とはかなり厳密に区分されていたという点には注意しなければならない。実際、戦国時代においてもなお、「およそ一条以北、これ洛外なり」（『壬生家文書《みぶけもんじょ》』）とみえるように、一条通り（一条大路）より北は洛外と認識されていたこ

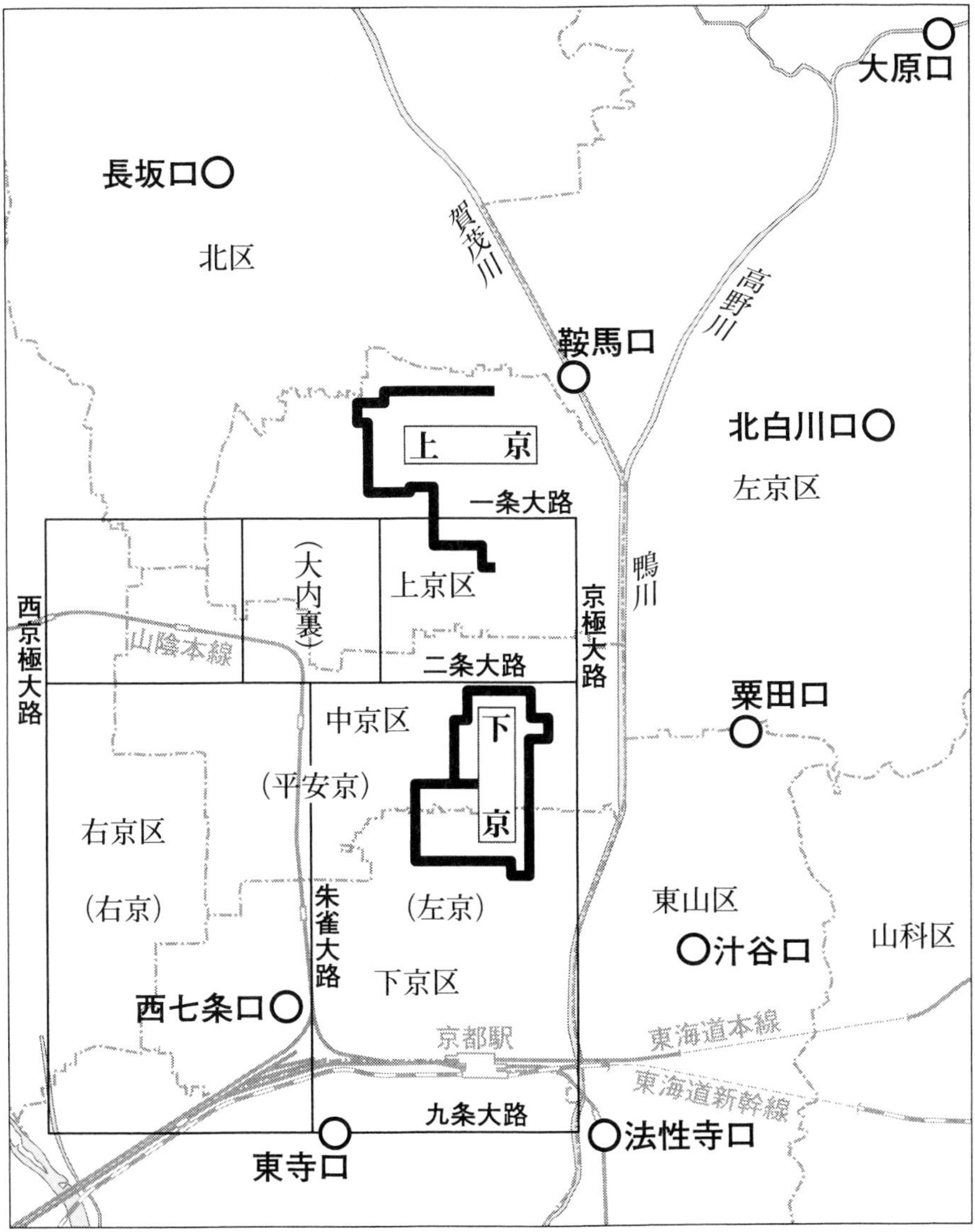

1　戦国時代の洛中と洛外，上京と下京（河内将芳『信長が見た戦国京都』より）
現在の京都市の地図上に，戦国時代の京都を意味する上京・下京と平安京を示したもの．戦国時代の京都が現在の京都にくらべて，また平安京にくらべて，いかに小さくせまいものであったかがわかる．なお，周辺にあるのが戦国時代の京都への入り口にあたる京都七口．

とがあきらかとなるからである。

じつは、その「一条以北」の地に室町時代、足利義満《あしかがよしみつ》によって建てられたのが、室町殿《むろまちどの》、あるいは花御所《はなのごしょ》ともよばれた将軍御所であった。つまり、室町幕府は洛外に所在していたのである。もっとも、室町殿が建てられるよりまえに、すでに「一条以北」の地域では開発がすすんでいたと考えられている（高橋（康）一九八三）。たとえば、そのことは、一条以南の市街地が、四〇丈《じょう》（約一二〇メートル）×四〇丈の正方形の区画（町《ちょう》という。いわゆる碁盤の目）を伝えているのに対して、「一条以北」では、そのようにはなっていないことからもみてとれる。また、それは、「一条以北」に開発にともなってつくられたあらたな道の名（西大路《にしおおじ》・北小路《きたこうじ》・武者小路《むしゃこうじ》など）が残されている点からもうかがうことができよう。

惣構に囲まれた上京と下京

このように、室町時代以降の洛中は、公家たちの認識とは大きくくずれつつ、「一条以北」へと広がっていったことがわかるわけだが、それにしたがって、上京の範囲もおのずと拡大していかざるをえなくなったと考えられる。実際、上杉本や、これよりまえに制作されたと考えられている歴博《れきはく》（国立歴史民俗博物館）甲本《こうほん》洛中洛外図屏風（以下、歴博甲本）に描かれる上京をながめてみると、「一条以北」もふくめたかたちで、市街地全体をとり囲む土塀や木戸門（釘貫《くぎぬき》ともいう）、あるいは櫓門・堀・土塁（山本 一九九五）などといった防壁のすがたがみてとれるからである。もちろん、それは下京においても同様で、このような防壁を当時、「惣構《そうがまえ》」（『日葡辞書《にっぽじしょ》』）とよんでいたことをふまえるならば、戦国時代の上京や下京は、惣構に囲まれた一種の城塞都市へと変貌していたといえよう（高橋（康） 一九八三、河内 二〇一〇）。

じつは、この点については、当時、来日していたイエズス会宣教師も、「最初あった南北三十八の道路のなかで、上京と下京の二つの市区に分かれていた両区がたがいにつづいているのは南北に通ずる中央の道路ただひとつだけ」（『日本教会史』）と書き残していることからもうかがえる。ここにみえる「南北に通ずる中央の道路」とは、具体的には室町通り（室町小路）を意味しているが、歴博甲本や上杉本をながめてみても、たしかに室町通りや惣構に囲まれた上京や下京の外側に農地（その多くは麦畑（小泉　一九九〇）と考えられている）が広がっていたようすがみてとれる。かつては平安京であったところが戦国時代には農地となり、その農地のなかに、上京と下京というふたつの城塞都市が浮かんでいる、これがこの時期の洛中のすがたであったといえよう。

戦国時代の洛中洛外

このようにしてみるとわかるように、戦国時代の京都というのは、上京と下京からなる洛中とその外側の洛外を足したもの、つまりは洛中洛外であったことがあきらかとなる。もっとも、そうなると、洛中洛外とさらに外側との境目はどのようになっていたのかという点が疑問としてわいてこよう。

ところが、この点については、そのことをはっきりと示した史料が残されておらず、よくわからない。ただ、著者自身は、その境目となっていたのが、七口《ななくち》、あるいは京七口とよばれた出入り口だったのではないかと考えている（河内　二〇〇〇）。今でも地名として残されている粟田口《あわたぐち》や鞍馬口《くらまぐち》、あるいは長坂口《ながさかくち》や西七条口（丹波《たんば》口《ぐち》）などである。これらは、史料のうえでも「七口」と出てくるが、実際には七つ以上あったところに特徴がみられる。また、戦国時代には、そのいずれもが集落になっていたことでも知られているが（下坂　一九八三）、注目されるのは、そこにはすべて関（関所）がおかれていたという点であろう。

というのも、中世の関（関所）とは、人々によって境界と認識されたところにおかれるものとされており、また、そこでは関銭《せきせん》とよばれる通行税が徴収されることでも知られていたからである（桜井　一九九六）。

そのことをふまえて、上杉本に描かれた「あわた口」（粟田口）をみてみると、そこには木戸門を構えた集落を通るものたちから関銭を徴収しようとしている人々のすがたがみられる。ここからは、戦国時代の粟田口に関（関所）がおかれていたことが知られるのと同時に、わざわざ上杉本にこのような場面が描かれていることからも、粟田口をはじめとした七口が当時の人々によって洛中洛外とその外側との境界と認識されていたことが読みとれよう。

なお、この場合の境界が、線ではなく点であったところも注目される。七口は、おのおの京都と諸国をむすぶ幹線道路（「七道《しちどう》」、『碧山日録《へきざんにちろく》』長禄《ちょうろく》三年九月七日条）上に所在したが、戦国時代の旅人は、そのような境界点としての七口を通過することで洛中洛外＝京都の内側と外側を実感していたと考えられるからである（河内　二〇〇〇）。

わたしたちも、そのような戦国時代の旅人のひとりになって、洛中洛外を歩いていきたいと思うが、そのまえに、「洛中洛外図屏風」ということばそのものについてもふれておく必要があろう。というのも、ここまでなにげなくつかってきた「洛中洛外図屏風」ということばは、現在のところ、江戸時代前期に成立した『北越《ほくえつ》軍記《ぐんき》』という編纂物にみえる「洛中洛外ノ図ノ屏風」がその初見ではないかと考えられているからである（辻　一九七六、黒田（紘）一九九六）。

つまり、ここからは、「洛中洛外図屏風」ということばが戦国時代には存在しなかったことがあきらかとなるわけだが、それでは、それにあたるものがなかったのかといえば、現在のところ、永正《えいしょう》三年（一五〇六）に「越前《えちぜん》朝倉」（朝倉貞景《あさくらさだかげ》）が「新調」した「屏風」で、絵師の「土佐刑部大輔《とさぎょうぶたいふ》」（土佐光信《みつのぶ》）が「一双に京中《きょうちゅう》を画《えが》」（『実隆公記《さねたかこうき》』十二月二十二日条）いたものがそれに相当するのではないかと考えられている。

もっとも、この「屏風」自体は現存しておらず、実際のところはよくわからない。しかしながら、この記事からだけでも、少なくとも戦国時代に描かれた「洛中洛外図屛風」なる屛風の画題が、洛中（「京中」）にその主眼をおくものであったということは読みとれるだろう。じつは、このことは、上杉本や歴博甲本をみてもよくわかる。一見してわかるように、描かれた画面の比率において、洛中と洛外との差は歴然といわざるをえないからである（武田 一九八四）。

よって、本書でも、その歩いていく先が、おのずと洛中を中心としたものになるであろうということについては、あらかじめご了解いただきたいと思う。現在の京都の名所・観光地といえば、東山《ひがしやま》や嵯峨野《さがの》など洛外がおもな対象となっているが、それらとくらべたとき、大きな違いといえる。しかしながら、そのような違いもまた、現在と戦国時代の違いとして、いっしょにたのしんでいただければさいわいに思う。

それでは、まえおきはこれぐらいにして、さっそく惣構に囲まれた上京のなかへと分け入っていくことにしよう。

［付記］

本書をなすにあたって、参考とした文献については、本文中に、たとえば、（河内 二〇一三）のように記し、巻末の参考文献と照合できるようにした。また、本文中では、上杉本に書きこまれている墨書、あるいは、各頁のポイントとなる施設やことがらなどをゴシックにして、少しでも読みやすいようにくふうした。

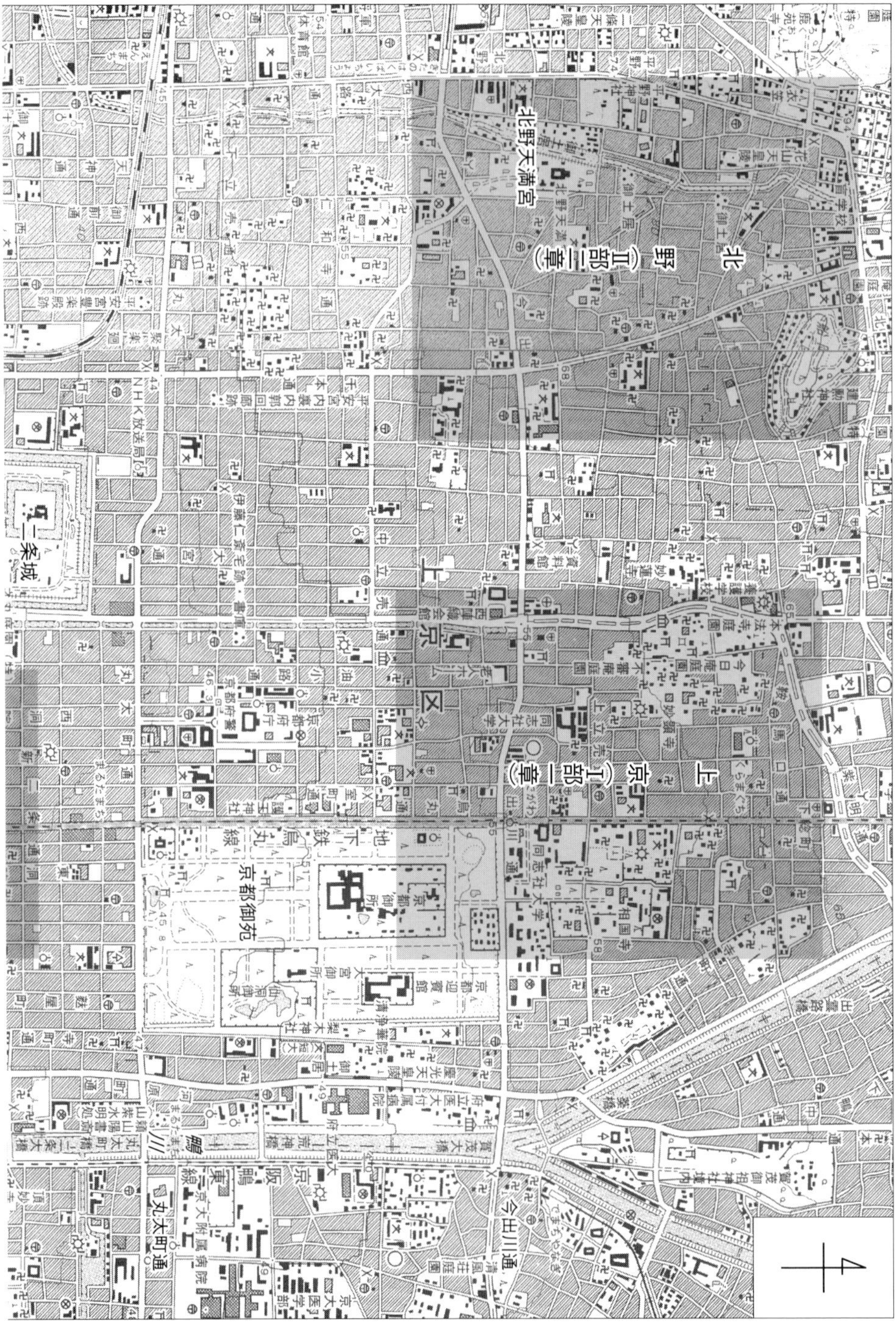
北野天満宮
北野
（II部二章）
上京
（I部一章）
上京区
二条城
京都御苑
京都御所
今出川通
丸太町通
鴨川

第1図　全行程位置図

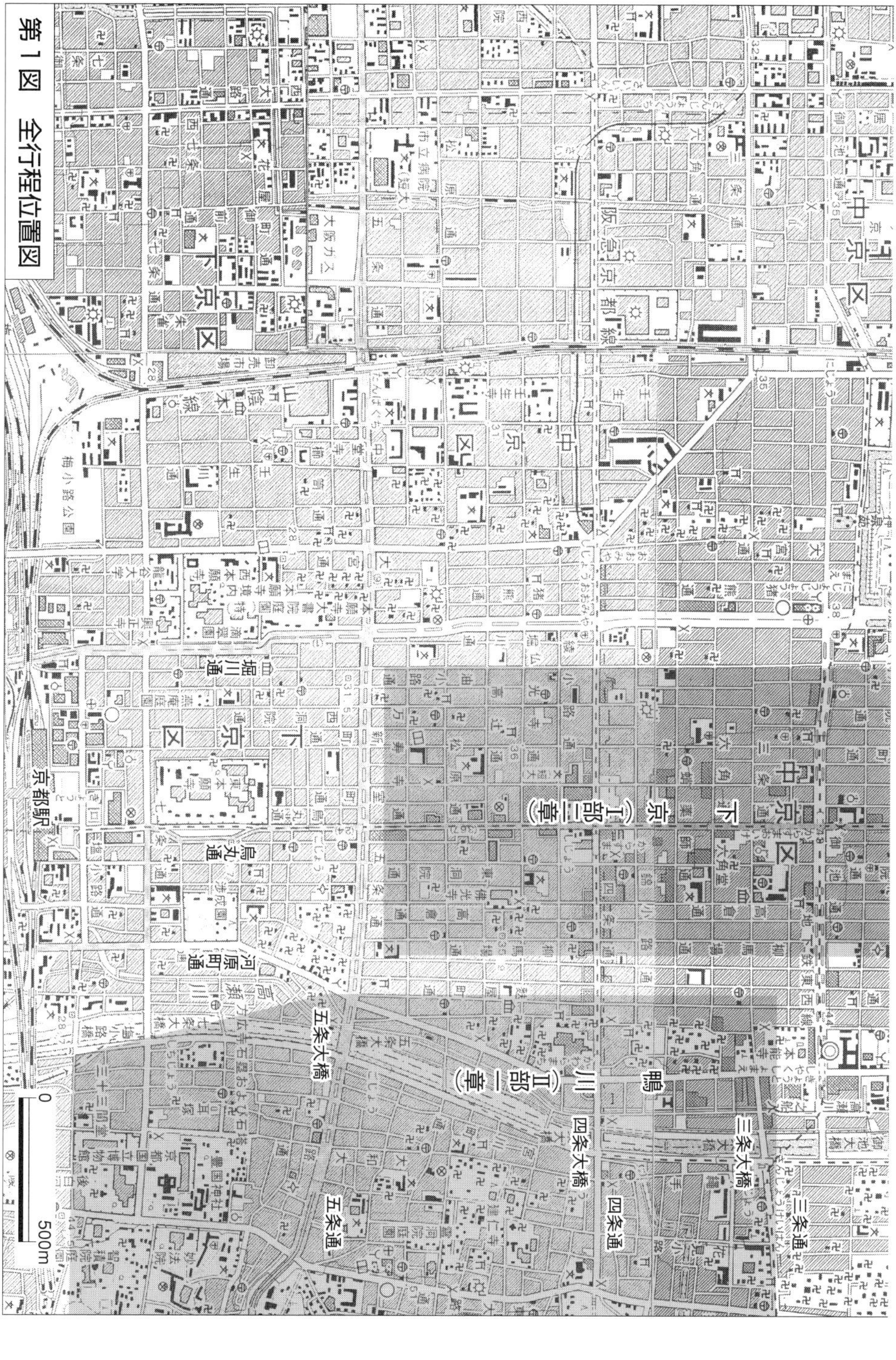

下京区
中京区
京都駅
堀川通
烏丸通
河原町通
鴨川
五条大橋
四条大橋
三条大橋
五条通
四条通
三条通
（Ⅰ部二章）
（Ⅱ部一章）
0
500m

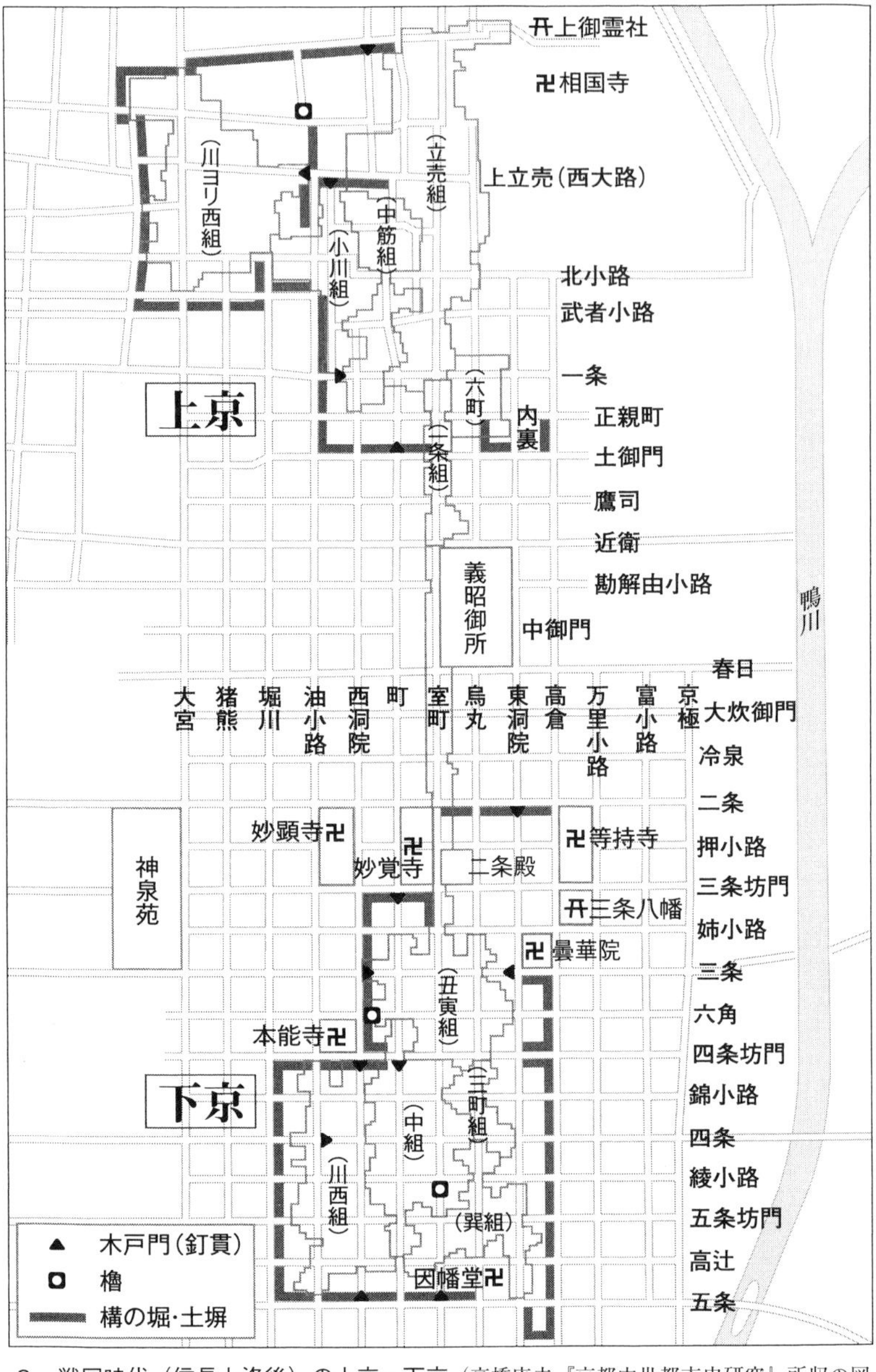

2　戦国時代（信長上洛後）の上京・下京（高橋康夫『京都中世都市史研究』所収の図をもとに作成，組は町組を意味する．河内将芳『信長が見た戦国京都』より）

I

戦国時代の洛中を歩く

3　現在の祇園御旅所

御旅所とは，祭礼のさい，神輿が本社から渡御して鎮座するところ．戦国時代まで祇園御旅所は，大政所御旅所と少将井御旅所の洛中二ヵ所に分かれていた．それが現在のように洛外一ヵ所に統合されるのは，秀吉の時代以降のことである．

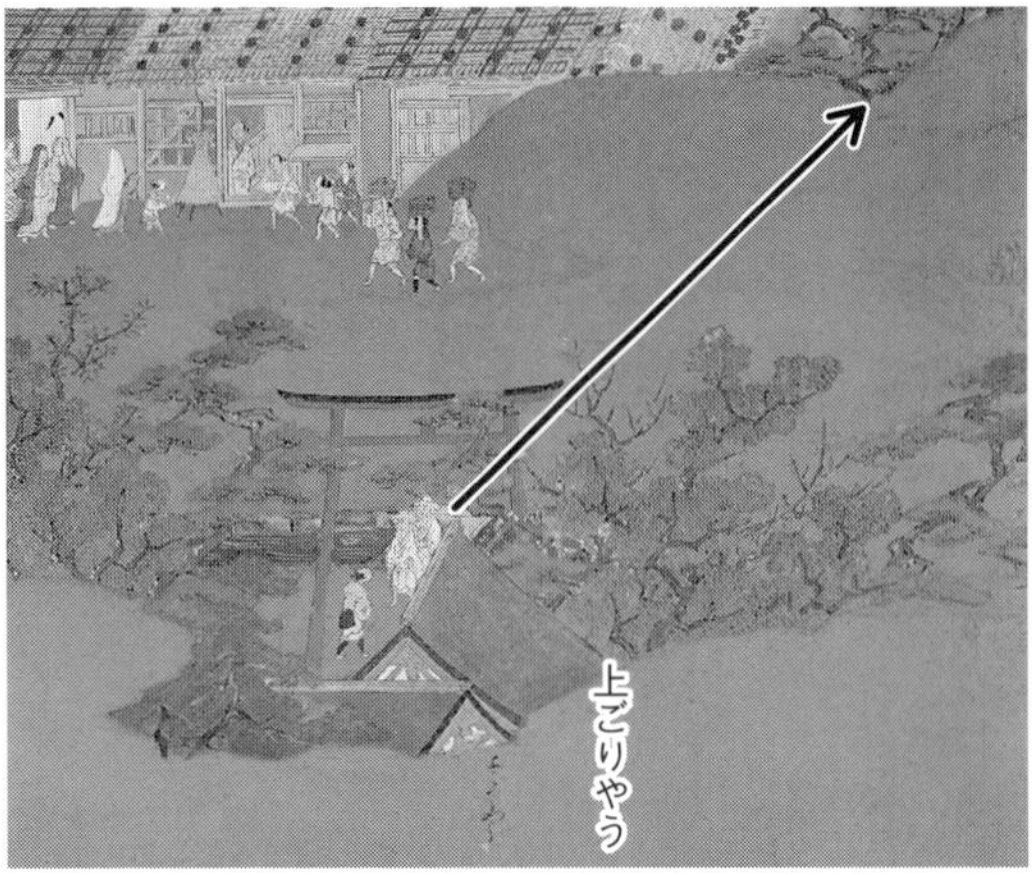

4　上ごりやう

一　惣構に囲まれた上京を歩く

「上ごりやう」（上御霊社、御霊神社）

まずは、惣構に囲まれた上京を時計回りと反対方向に歩いてみることにしよう。出発点は、上杉本と同じ場所に現在も所在する「**上ごりやう**」（上御霊社《かみごりようしゃ》、御霊神社）である。上杉本では、赤い鳥居で描かれているが、現在は石でつくられた鳥居（口絵四頁）が立っている。

その創建については諸説あるものの、「御霊社」ということばが史料のうえで確認できるようになるのは、思いのほかおそく、鎌倉時代後期の日記『実躬卿記《さねみきょうき》』嘉元《かげん》元年（一三〇三）八月十八日条にみえる「今日御霊社祭礼」とされている（本多　二〇一三）。

ここに記されている「祭礼」については、のちにふれることとして、上御霊社といえば、京都に戦国時代の幕開けをつげる特別な場所であったという点には注意しなければならないであろう。

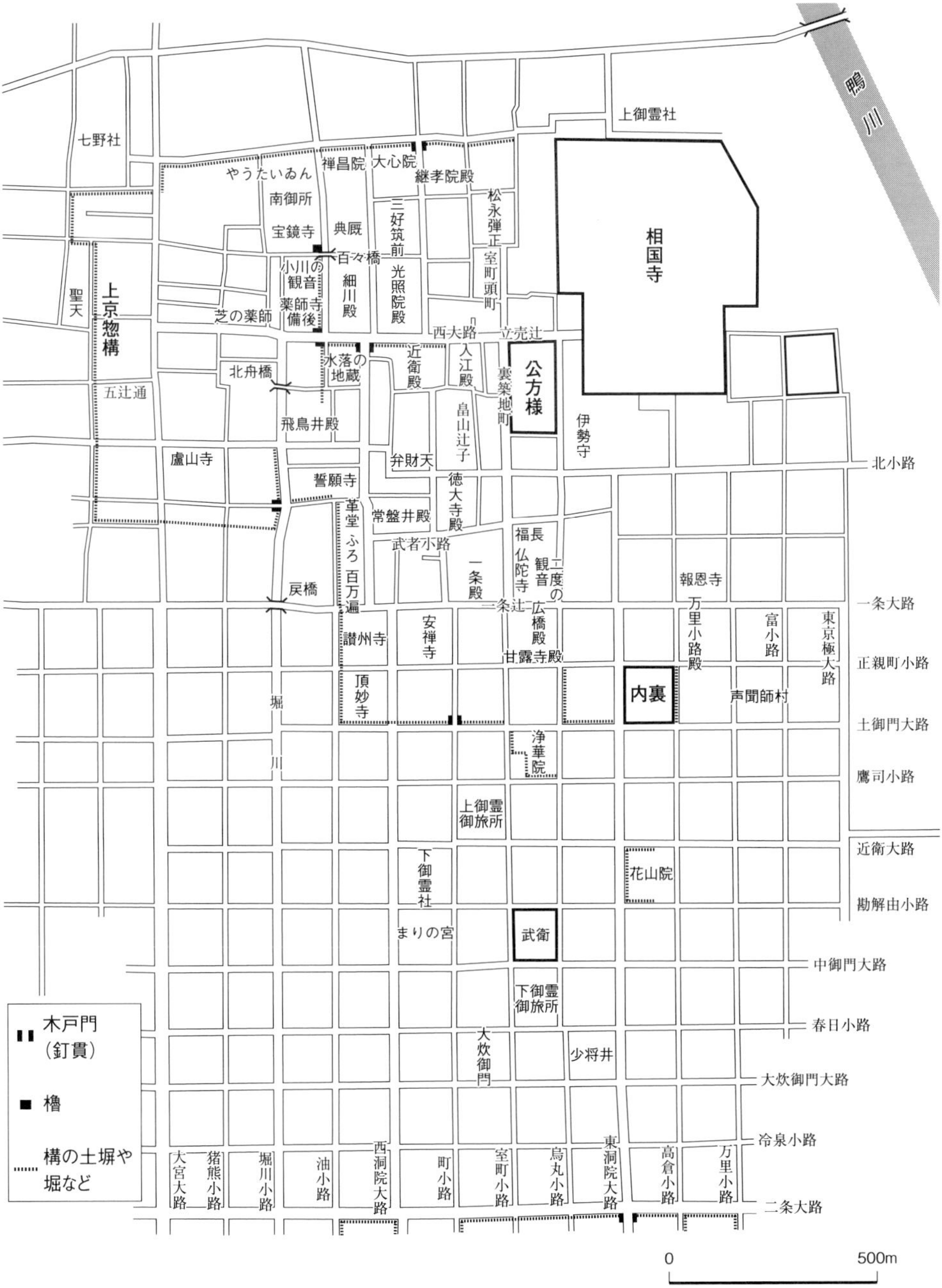

5　戦国時代の上京

山田邦和『京都都市史の研究』所収の図をもとに上杉本の墨書と本書でおとずれるところを修正をまじえつつ作成.

6　御霊神社（上御霊社）本殿

というのも、文正《ぶんしょう》二年（応仁元年、一四六七）正月、ここを舞台にしておこった合戦を皮切りに、およそ一〇年におよぶ応仁・文明の乱（応仁の乱）がはじまることとなったからである。

そのことを伝える史料のひとつ、公家の清原宗賢《きよはらのむねかた》の日記『宗賢卿記《むねかたきょうき》』正月十八日条によれば、「上御霊社において合戦」をくりひろげたのは、「畠山《はたけやま》右衛門佐《えもんのすけ》」（畠山義就《よしなり》）と「（畠山）尾張守《おわりのかみ》（政長《まさなが》）」であり、その原因は「家督相論《そうろん》」であったと伝えられている。

よく知られているように、応仁・文明の乱は、将軍足利義政《あしかがよしまさ》の後継者争いをはじめとして、幕府をささえる有力守護家の家督をめぐる争いが重なりあってひきおこされたが、そのなかでも、もっともはげしさをきわめていたのが、義就・政長という、いとこ同士による畠山家の家督相論だったのである。

そのようにはげしくなった理由にはさまざまなことがあったであろうが、「細川は尾張守、山名は右衛門佐方なり」と史料（『宗賢卿記』正月十八日条）にみえるように、のちに応仁・文明の乱の東西両軍をひきいる細川勝元《ほそかわかつもと》と山名持豊《やまなもちとよ》（宗全《そうぜん》）が、おのおの後ろ楯になっていたことが大きな要因であったことはまちがいないであろう。

合戦自体は、畠山政長が上御霊社に立て籠もり、そこを義就が攻撃したことではじまる。政長がここに立て籠もったのは、『応仁記《おうにんき》』にみえ

7　相　国　寺

8　応仁の乱勃発地の石碑

るように、上御霊社が「南は**相国寺**《しょうこくじ》の藪・大堀、西は細川方の要害《ようがい》」と、立て籠もるのに向いていたためだろう。

　結局のところ、このときの合戦は、「申《さる》の刻《こく》（午後四時ころ）より寅《とら》の刻（午前四時ころ）に至」（『後法興院記《ごほうこういんき》』正月十八日条）るまでつづき、政長方が敗れることで終息する。

　しかし、これによって劣勢に立った細川勝元が、その挽回のため四ヵ月後の五月に立ちあがることで、京都を舞台とした本格的な戦闘がくりひろげられることになる。そういう意味でも、この地は、現在の鳥居脇に建てられた石碑が伝えるように、まさに「**応仁の乱勃発地**」であったといえよう。

御霊祭

　ところで、これから歩いていく上京という都市域は、江戸時代では、そのかなりの部分を上御霊社の氏子《うじこ》圏が占めていた。たとえば、京都町奉行所役人の手引き書として知られる『京都御役所向大概覚書《きょうとおやくしょむきたいがいおぼえがき》』をみてみると、「上御霊　氏子」の範囲は、東を「賀茂川かぎり」、西を「東堀川かぎり」、北を「野かぎり」、南を「出水《でみず》通り北側かぎり」と記されている。

　このうち、西については、さらに細かく「一条より北は小川《おがわ》通り東側

9　神輿と剣鉾がすすむ御霊祭

10　御霊祭（現在の剣鉾）

かぎり」と記されているが、この点、上杉本をみてみると、まさにそのあたり、一条通り（一条大路）を西から東へとすすむ二基の**神輿**と**剣鉾**《けんほこ》につらなる行列を見いだすことができる。

　これが、**御霊祭**《ごりょうまつり》のすがたである。のちにもふれるように、上杉本の右隻（下京隻）にみえる祇園会《ぎおんえ》（祇園祭）と対応するかのように描かれているそのすがたからは、御霊祭が上京を代表する祭礼であったことがうかがえよう。

　現在も御霊祭・祇園会ともに盛大におこなわれており、また、応仁・文明の乱にともなって、およそ三〇年にわたって停止されたのちに再興されたという点でも共通している。

　もっとも、祇園会の再興が明応《めいおう》九年（一五〇〇）であったのに対し（河内　二〇一二）、御霊祭は、それに先んじること二年前の明応七年（一四九八）に再興されたことが知られている（本多　二〇一三）。

　そのことを伝える史料のひとつ、公家の甘露寺親長《かんろじちかなが》の日記『親長卿《ちかながきょう》記《き》』八月十八日条によれば、「桙《ほこ》」（剣鉾か）が「十本ばかり」「御輿の前」を「供奉」したという。おそらく、上杉本にみえるすがたもまた、このような戦国時代の御霊祭を伝える貴重な絵画史料といえよう。

　なお、戦国時代の祇園会の式日は旧暦の六月であったが、それに対して、御霊祭は八月であった。しかし、現在は、七月の祇園祭に先んじて、

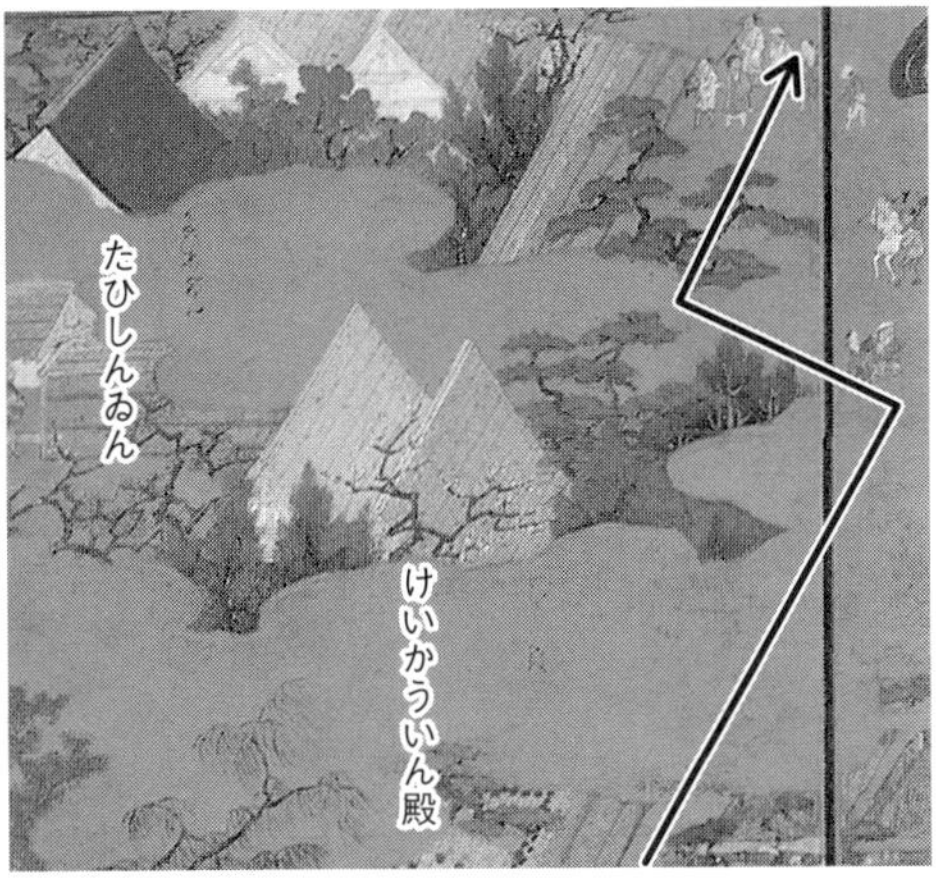

11　けいかういん殿・たひしんゐん

12　ぜんしやう院

五月に御霊祭はおこなわれている。

上京の北端から小川へ

それでは、いよいよ上御霊社の赤い鳥居から西のほうへとあゆみをすすめていくことにしよう。上杉本では、左手に築地塀《ついじべい》、右手に農地がみえるので、今すすんでいるあたりが惣構で囲まれた上京の北の端であったことがわかる。

また、築地塀の内側には、東から西へ向かって順番に「**けいかういん殿**」（継孝院《けいこういん》）、「**たひしんゐん**」（大心院《だいしんいん》）、「**ぜんしやう院**」（禅昌院《ぜんしょういん》）と書かれた寺院のすがたもみられる。

いずれの寺院も現在は同地に所在しないが、ただ、「継孝院町」「大心院町」「禅昌院町」といった町名が残されているので、その位置関係をおおよそはたどることができる。

このうち、大心院とは、細川勝元の息子で、明応二年（一四九三）におこった明応の政変の立役者のひとり、細川政元《まさもと》の法名《ほうみょう》であることが知られている（『実隆公記《さねたかこうき》』永正《えいしょう》四年七月十一日条）。

また、その政元の家督を継承した養子細川澄之《すみゆき》が、永正四年（一五〇七）七月に政元の「中陰《ちゅういん》」仏事をおこなったのが「大心院」であったと伝えられているので（『不問物語《とわずものがたり》』）、その仏事もおそらくここでおこな

13　妙　顕　寺

われたのだろう。

なお、現在、大心院町の南側には日蓮宗寺院の**妙顕寺**《みようけんじ》が、また、禅昌院町の北側にも、同じく日蓮宗寺院の**妙覚寺**《みようかくじ》が所在している。のちにもふれるように、ともに戦国時代には、下京の惣構の北側に所在した寺院であるが、秀吉の時代になって現在地へと移された。このうち妙覚寺は、上杉本を描いた狩野永徳《かのうえいとく》が帰依《きえ》した寺院であり、寺内には**狩野家累代**《るいだい》**の墓所**も残されている。

さて、上杉本では、禅昌院の北側を過ぎると南北に流れる川に遭遇することになる。小川《こかわ》（「こかは」）とよばれた川である。現在は暗渠《あんきよ》となり、その痕跡もわかりにくくなっているが、この小川沿いには今も道が通っているので、それに沿って南下していくことにしよう。

すると、右手に日蓮宗寺院の**本法寺**《ほんぽうじ》、また、左手には茶道の家元として知られる**裏千家今日庵**《こんにちあん》や**表千家不審庵**《ふしんあん》のすがたをみることができる。

本法寺もまた、秀吉の時代以降に現在地に移されたと考えられるが、おそらく上杉本で「**やうたいゐん**」（永泰院か）と書かれた寺院の跡地が与えられたのであろう。ちなみに、本法寺の門前には石橋が残されており、かつてここに小川が流れていたことを実感できる場所となっている。

14　妙　覚　寺

15　妙覚寺に建てられた天文法華の乱殉教碑

16　狩野家累代の墓所

17 本 法 寺

18 裏千家今日庵

19 表千家不審庵

20　やうたいゐん・南御所・法鏡寺殿・櫓

21　百々橋礎石

「法鏡寺殿」（宝鏡寺）

現在、本法寺があるところ、上杉本では「やうたいゐん」と書かれた寺院の南側に描かれる「**南御所**《みなみごしょ》」（大慈院《だいじいん》、『二水記《にすいき》』大永《だいえい》元年十二月七日条）と「**法鏡寺殿**」は、**宝鏡寺**《ほうきょうじ》として同じ場所に所在している。ただし、上杉本では、小川に門を開き、橋を架けているが、現在は南側に門を開くという違いはみられる。また、上杉本の宝鏡寺の西南の隅には、矢を射るための狭間《はざま》もあけられた**櫓**がみられるのも特徴的である（高橋（康）一九八八）。

おそらくそれは、道をへだてて南側にみえる「**こかはのくはんおん**」（小川の観音）や「**やくし寺ひんこ**」（細川宗家の有力被官である薬師寺備後《やくしじびんご》）と書かれた屋敷の築地塀につながる土塀や木戸門が、小川に沿ってつくられた上京の惣構の一部であったことと無縁ではないであろう。

櫓のまえに架かる橋は、近世前期に成立した地誌『雍州府志《ようしゅうふし》』によれば、「**百々橋**《どどばし》」といい、「応仁年中、山名と細川対捍《たいかん》のとき、この橋をへだてて、あい戦うこと数度なり」と伝えられている。このことを同時代の史料によって裏づけることは、残念ながらできないが、上御霊社の氏子圏の西の境もまた、「一条より北は小川通り東側かぎり」（『京都御役所向大概覚書』）であったことを思いおこせば、この場所が、上京のなか

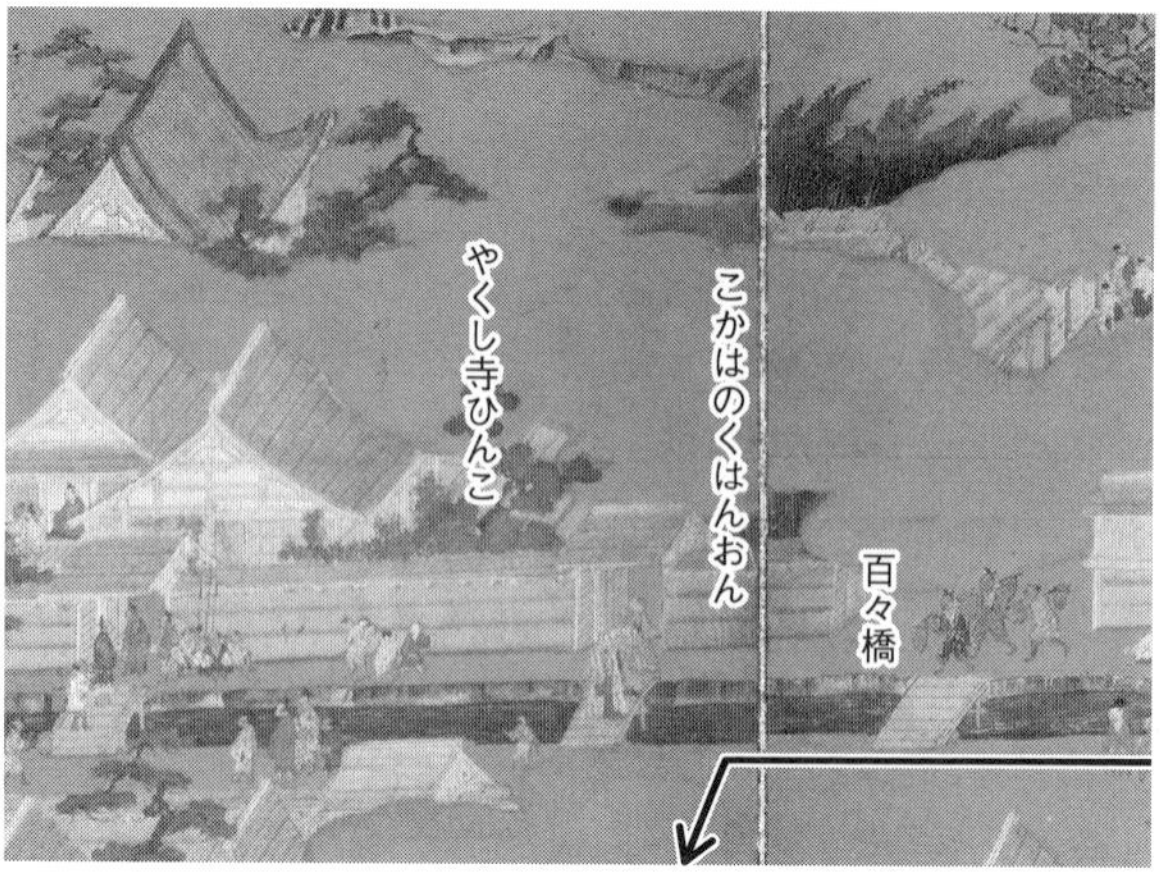

22　やくし寺ひんこ・こかはのくはんおん・百々橋

23　宝　鏡　寺

24　宝鏡寺西南隅・百々橋跡（東から）

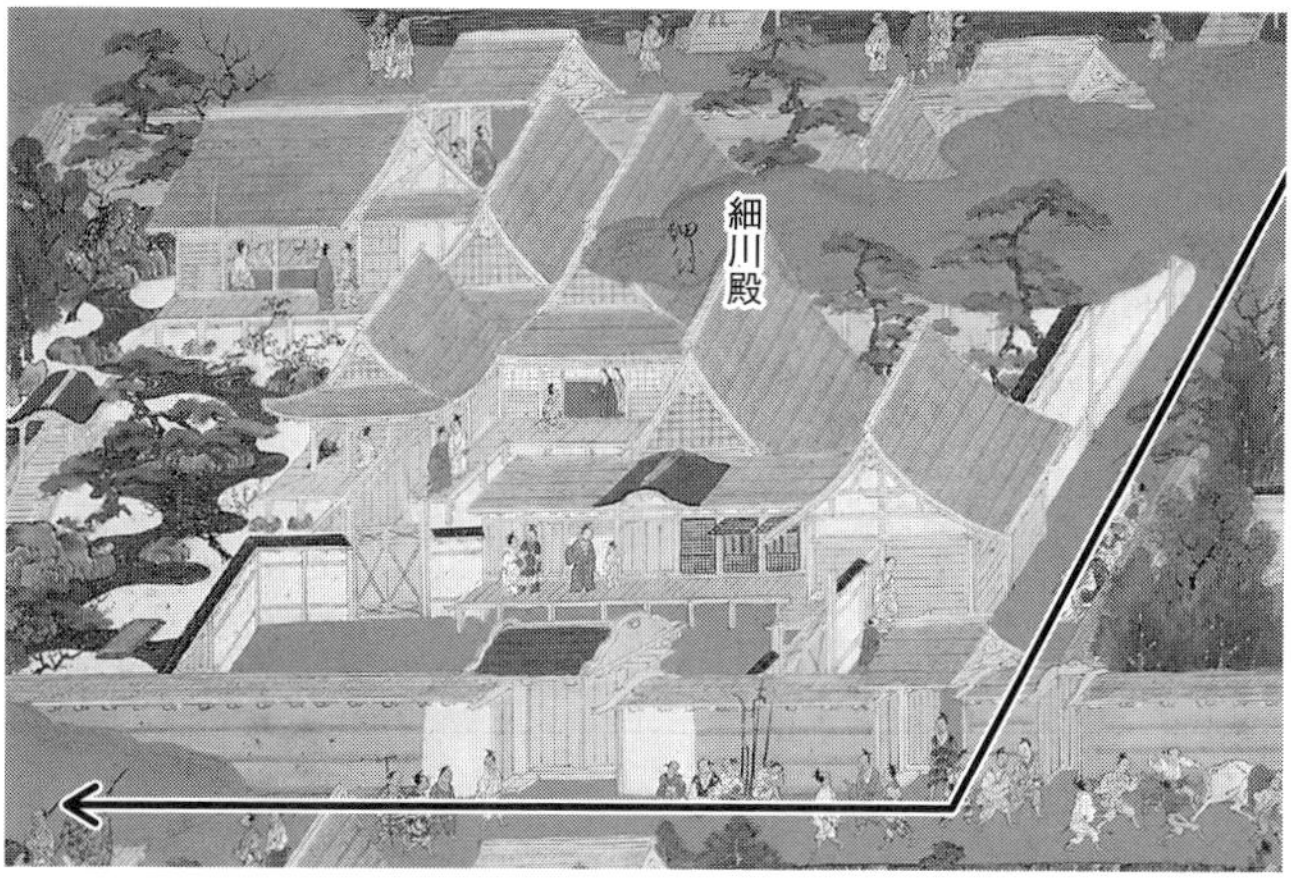

25　細　川　殿

をさらに区切る境界として認識されていたと考えられるからである。おそらくそのような境界を往来する人々を監視するため、ここには櫓が設けられていたのであろう。

ちなみに、現在の宝鏡寺の西南隅にも、櫓ではないが、建物があり、また、昭和三十八年（一九六三）に小川が暗渠となったさいに撤去された石造りの「百々橋」の礎石も一基、現在地に残されている。

「細川殿」と「典厩」

先ほどもふれたように、上杉本では、小川とそれに沿った道は、「百々橋」から「こかはのくはんおん」と「やくし寺ひんこ」の屋敷のまえを通って南へとつづいていた。しかしながら、現在その道は失われており、そのまま先にすすむことはできない（山田　二〇〇九）。そこで、方向を東のほうへとかえて、あゆみをすすめていくことにしよう。

すると、上杉本のなかでは、ふたつの巨大な武家屋敷のあいだを通ることになる。北側にみえるのが「**典厩**《てんきゅう》」、南側が「**細川殿**《ほそかわどの》」である。「典厩」とは、代々、右馬頭《うまのかみ》の官職を帯びたことから、その唐名《とうみょう》をもって家のよび名とされた細川宗家庶流の屋敷、いっぽう、「細川殿」とは、文字どおり細川宗家の屋敷を意味する。

細川宗家は、幕府管領に任じられるとともに、代々、右京大夫《うきょうのだいぶ》の官

26　典　厩

職を帯びたことから「京兆家《けいちょうけ》」とよばれたことでも知られている。その屋敷が、上杉本の左隻（上京隻）のほぼ中央部に、しかも将軍御所である「公方様《くぼうさま》」について大きく描かれていることからも、戦国時代の京都におけるその存在が特別なものであったことがうかがえよう（高橋（康）　二〇〇六）。

そのことを裏づけるように、永禄《えいろく》十一年（一五六八）九月に織田信長とともに上洛した足利義昭《あしかがよしあき》も、十月十六日には「細川亭へ移った」ことが、公家の山科言継《やましなときつぐ》の日記『言継卿記《ときつぐきょうき》』からは読みとれる。

義昭がここへ入ったのは、翌々十八日に「将軍宣下《せんげ》」をうけるためであったが（『言継卿記』）、同日には、「宝鏡寺殿へ」「御成《おなり》」しているので、ここでいう「細川亭」が上杉本に描かれる場所にあった可能性は高いであろう。

もっとも、そのすがたが、上杉本に描かれる「細川殿」のようなものであったのかという点についてはさだかではない。しかし、十月二十三日には、義昭が「織田弾正忠《だんじょうのちゅう》」（信長）を召して、「御能五番」をもよおしたと伝えていることからすれば（『言継卿記』）、それなりの施設をもった屋敷が残されていた（あるいは再建された）可能性は高いように思われる。

いっぽう、「典厩」のほうは、天正《てんしょう》十二年（一五八四）に羽柴秀吉《はしばひでよし》の

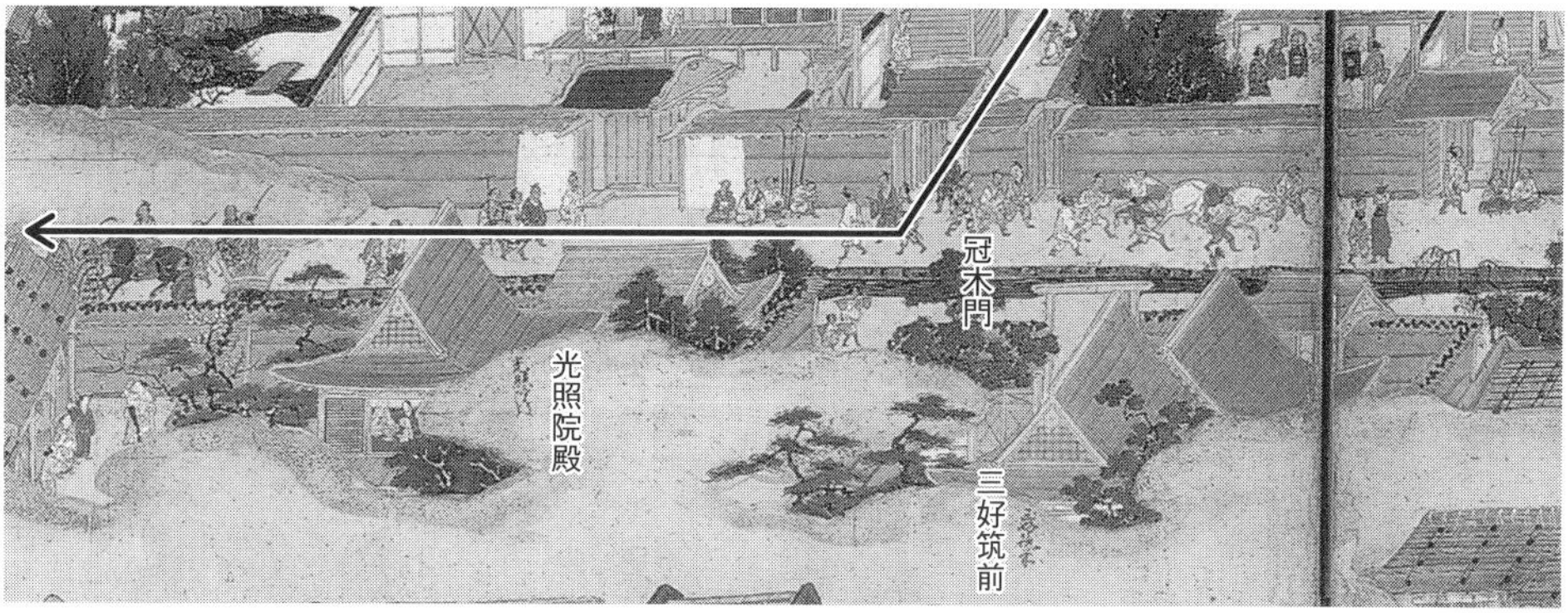

27　三好筑前・冠木門・光照院殿

命によって、下京から妙顕寺が移ってくるので（『妙顕寺文書』）、少なくともそのころには空き地になっていたと考えられよう。

「三好筑前」

ちなみに、上杉本では、「典厩」の東隣に「三好筑前《みよしちくぜん》」と書かれた屋敷が描かれている。ここには特徴ある「冠木門《かぶきもん》」が描かれていることでも知られているが、この門は、すでに指摘されているように（高橋（康）一九八八、瀬田　二〇〇九）、永禄四年（一五六一）三月に将軍足利義輝《あしかがよしてる》の御成にあわせて新造されたものであろう（『三好筑前守《みよしちくぜんのかみ》義長《よしなが》朝臣《あそん》亭《てい》江《え》御成《おなり》之《の》記《き》』）。

また、永禄三年（一五六〇）正月、三好長慶《ながよし》が修理大夫《しゅりのだいぶ》に、そしてその後嗣義興《よしおき》（義長）も筑前守に任じられたことがあきらかとなるので（『御湯殿上日記《おゆどののうえにっき》』正月二十一日条）、上杉本に描かれた「三好筑前」とは、義興の屋敷を意味することになる。そして、それによって、上杉本の制作年代もおそくとも永禄三、四年以降と考えるのが自然であろう。

なお、この「三好筑前」も、「たひしんゐん」（大心院）とともに、現在は妙顕寺の敷地となっている。したがって、先の「典厩」と同じように、妙顕寺が移転してきたころには、空き地になっていたと考えられる。逆からみれば、一定の空閑地があったために、秀吉はここへ妙顕寺を移

28　三好筑前跡（泉妙院，妙顕寺興善院旧跡地，尾形光琳菩提所）

29　左が光照院，右が細川殿跡（北から）

30　光　照　院

31　三時知恩寺

32　新町校舎にある近衛殿解説板

すことができたともいえよう。

それでは、現在、妙顕寺の大きな門が立っているあたりから南へとのびる道に方向をかえて、先へすすむことにしよう。このあたりのちょうど右手にかつて「細川殿」があったわけだが、左手にみえる「**光照院《こうしょういん》殿《どの》**」は、現在も同じ場所に**光照院**（光照院門跡《もんぜき》）として所在するので、位置関係としてはわかりやすい。

と思っているあいだに、上杉本では、視線の向こうのほうにひときわりっぱな武士の行列と「**入江殿《いりえどの》**」「**近衛殿《このえどの》**」と書かれた屋敷がみえてくることになる。

「近衛殿」と「入江殿」

上杉本では、「入江殿」と「近衛殿」は南北にならぶように描かれているが、実際は東西にならんでいた。「入江殿」は、現在も同じ場所に所在する**三時知恩寺《さんじちおんじ》**であり、いっぽう、「近衛殿」とは、現在、**同志社大学新町校舎**となっているところにあった近衛家の屋敷を意味するからである。

近衛家といえば、摂政や関白に任じられる摂家《せっけ》として、公家社会のなかでも最上級の地位を占めていたことで知られているが、室町・戦国時代では、その屋敷の庭に糸桜《いとざくら》（しだれ桜）が植えられていたことでも知

第２図　洛中絵図（上御霊社）

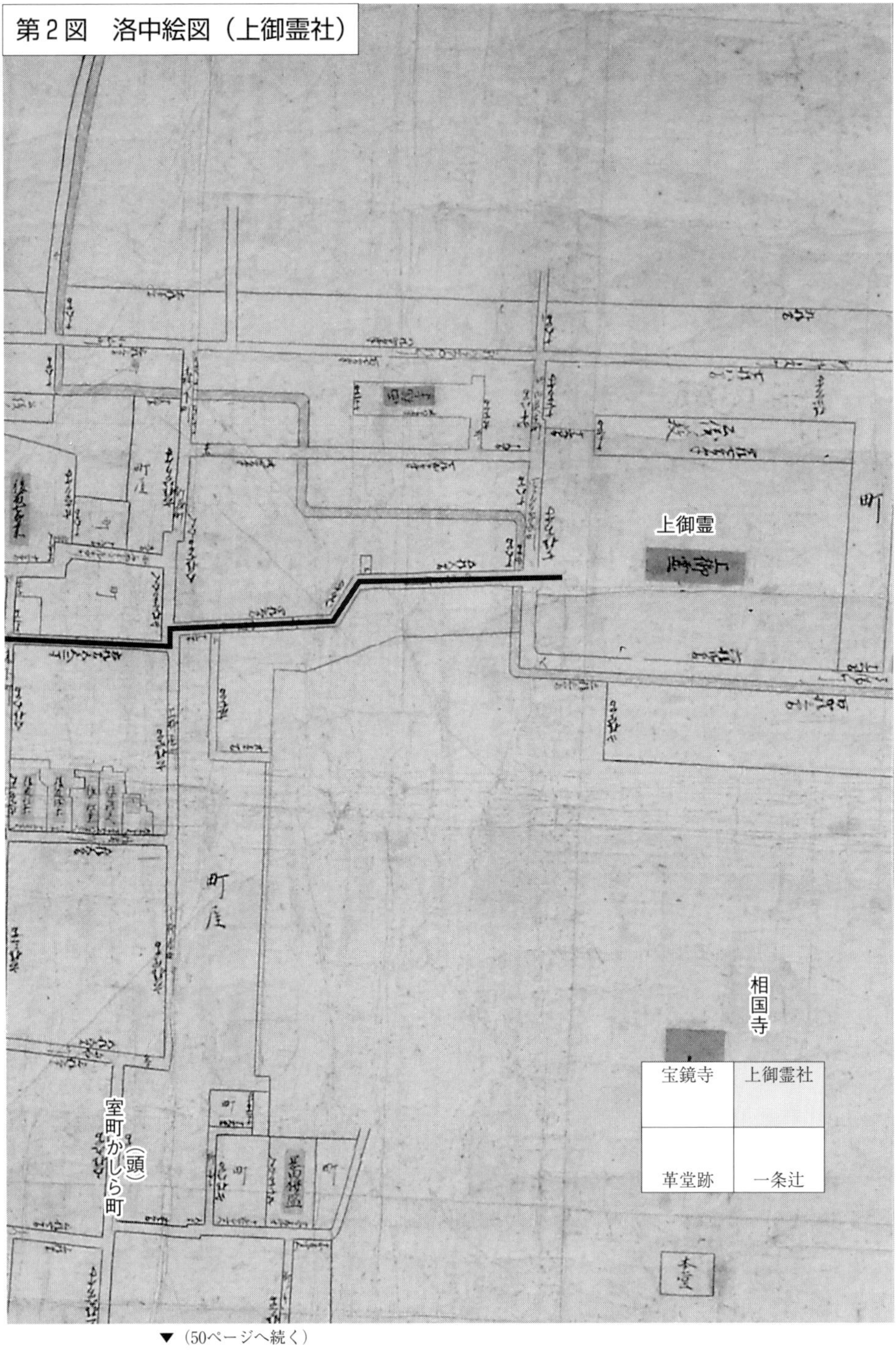

▼（50ページへ続く）

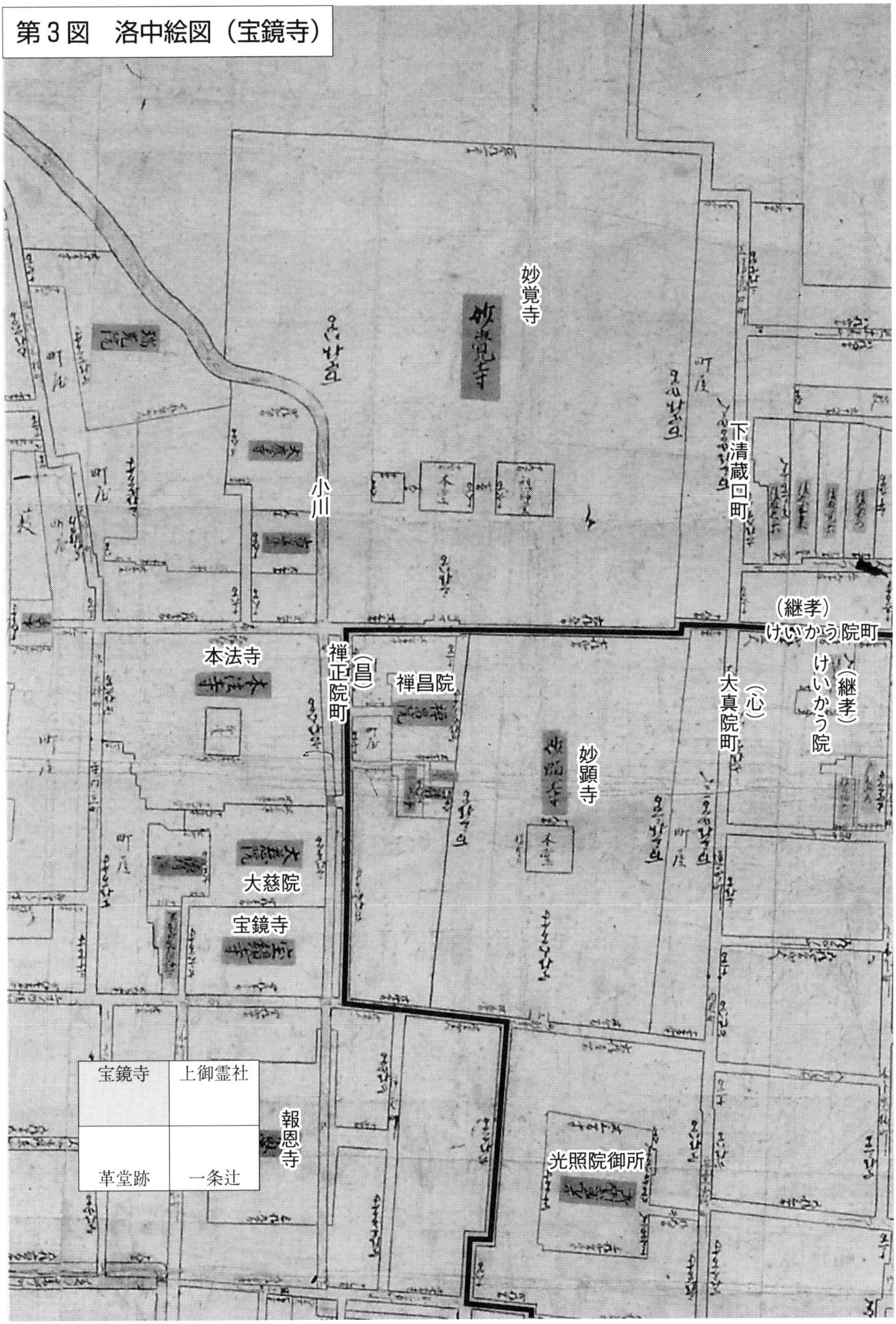

第3図　洛中絵図（宝鏡寺）

▼（51ページへ続く）

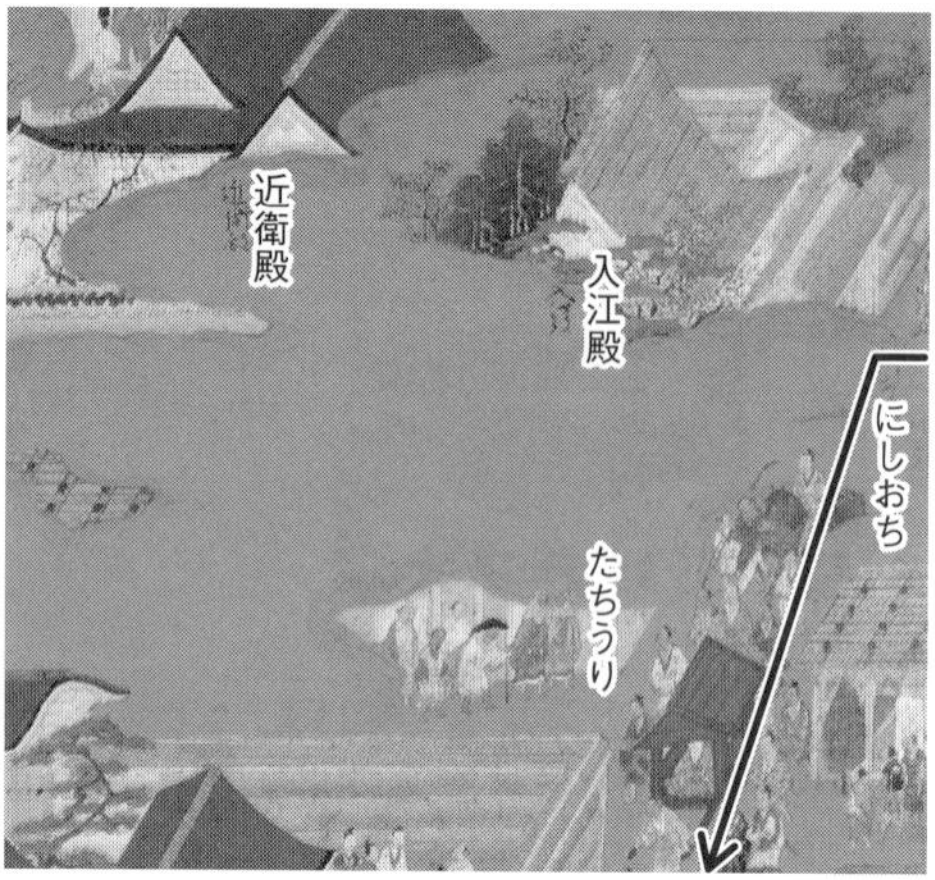

33 入江殿・近衛殿・にしおち・たちうり

34 立売辻（北から）

られていた（鶴崎 一九八四、高橋（慎） 二〇〇四）。

上杉本にも、その糸桜は描かれているが、そのようすは文献史料でも読みとることができる。たとえば、戦国時代の近衛家の当主であった近《この》衛《え》尚通《ひさみち》の日記『後《ご》法成《ほうじょう》寺《じ》関白記《かんぱくき》』天文《てんぶん》二年（一五三三）三月一日条をみてみると、「庭上の糸桜」を「賞翫《しょうがん》」する宴会に「入江殿・宝鏡寺」「継孝院・一乗院《いちじょういん》・聖《しょう》護《ご》院《いん》・大覚寺《だいかくじ》」といった、錚々《そうそう》たる寺院の住持たちがおとずれていたことがわかるからである。

このうち、「入江殿」以外は、すべて尚通の子供たちであり（柴田 一九九二）、要するに一族で糸桜の花見をしていたことがわかるわけだが、なかでも宝鏡寺や継孝院が、尚経の娘たち（尼僧）であったことには注目してもよいだろう。

というのも、彼女たちの腹違いの姉妹のひとりが、足利義輝・義昭兄弟の母「慶寿院《けいじゆいん》」（『尊卑分脈《そんぴぶんみやく》』）にほかならなかったからである。そのような目でみると、将軍に任官された直後の義昭が、わざわざ「宝鏡寺殿へ」「御成」したのは、義昭からみれば、叔母にあたる血縁者のもとをたずねるといった特別な意味もあったことがうかがえよう。

「たちうり」（立売）と室町頭町

さて、視線をもう一度、武士の行列のほうへと移してみると、その行

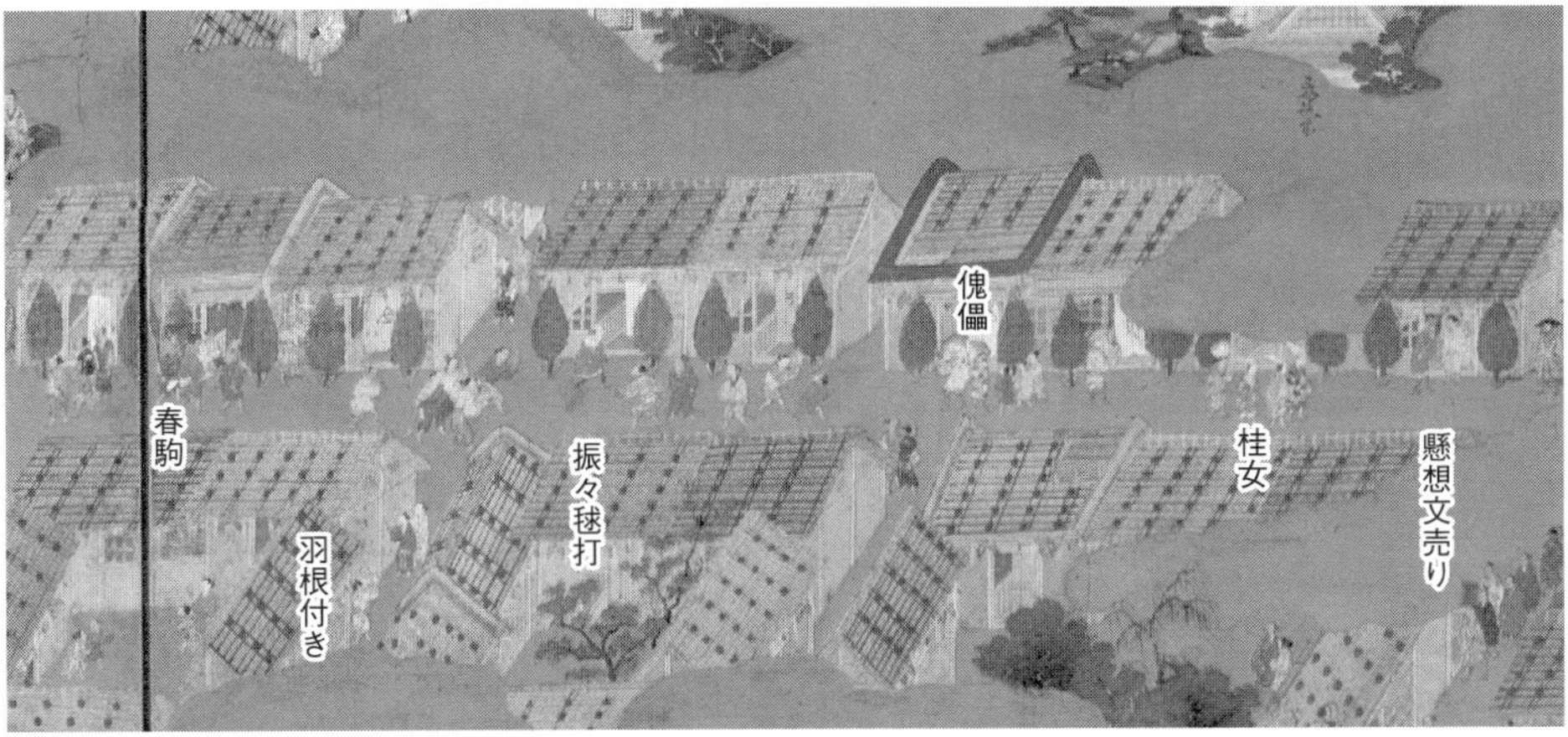

35　室町頭町

列の先頭は、すでに「**にしおち**」(西大路《にしおおじ》)と書かれた東西の道(上立売《かみだちうり》通り)を東へとすすみ、そして、行列の主役である輿《こし》が、室町通り(室町小路)との交差点である「**たちうり**」(立売)の辻にかかりつつあることがみてとれる。

「**立売辻**」といえば、戦国時代では、下京の「四条町辻《しじょうまちつじ》」(四条通り〈四条大路〉と町通り〈町小路、新町通り〉の交差点)とともに、幕府によって「徳政」の「札」が打たれたことからもうかがえるように(『室町家御内書《むろまちけごないしょ》案《あん》』)、上京のなかでも、もっとも繁華な場所として知られていた。

実際、そのことを裏づけるように、上杉本では、「たちうり」より北へのびる室町通り沿いに、左隻(上京隻)でもっともにぎやかに描かれた街区をみてとることができる。おそらくこれは、**室町頭町**《むろまちかしらちょう》とよばれた町《ちょう》を描いたものだろう。

室町頭町といえば、すでに天文十五年(一五四六)十一月の段階で「上京室町頭壱町《いっちょう》」として幕府より禁制《きんぜい》をもらいうけ(仁木　二〇一〇)、しかもその禁制をはじめとした古文書群を『室町頭町文書』として共同で保管してきたことでもよく知られている(河内　二〇〇〇)。

上京のなかでも、もっとも由緒をほこる町のひとつとなるわけだが、上杉本では、その室町頭町のそこかしこに、**羽根突き**や**振々毬打**《ぶりぶりぎっちょう》といった遊びに興じる人々、あるいは**春駒**《はるこま》・**懸想文売**《けそうぶみ》**り**・**傀儡**《くぐつ》・**桂女**《かつらめ》とい

36　現在の室町頭町（北から）

37　一条辻（西から）

った芸能者たちのすがたも見いだすことができる。

とりわけ目をひくのは、町屋の門口をかざるクリスマスツリーのようにもみえる門松のすがたであろう。ここからは、室町頭町が正月風景にいろどられていることがわかるわけだが、さらに目をこらしてみると、その門松に年男がお供えとしての歳玉《としだま》を付けているようすまでがみてとれる（飯島　一九九〇、藤原　二〇一一）。絵師がかなりの神経をつかって、室町頭町の正月風景を描いたことが知られよう。

ちなみに、信長の時代には、罪を帯び処刑される人々が、「立売辻」ではなく、一条通りと室町通りの交差点である「上京一条辻より室町通り洛中をひかせ、六条河原まで」（『信長公記《しんちょうこうき》』）引きまわされたことが知られている。

また、室町時代には、「立売辻」と「**一条辻**」に「惣門《そうもん》」とよばれた門があったことも知られているので（高橋（康）二〇〇四）、このふたつの門にはさまれた一帯が特別な意味をもつ空間であったことが知られよう。

それでは、そこには何があったのか、室町頭町の正月風景を遠目にながめながら、また武士の行列にも別れをつげて、あゆみを「たちうり」からその室町通りを南下するほうへとすすめていくことにしよう。

38　公方様・裏築地町

「公方様」

すると、左手には、上杉本左隻（上京隻）のなかでも、もっとも大きく描かれる「公方様《くぼうさま》」と書かれた将軍御所のすがたが日に入ってくることになる。

ここは、室町時代の永和《えいわ》四年（一三七八）に足利義満《あしかがよしみつ》が将軍御所を造立し、「室町面《おもて》をもって晴れ」（『吉田家日次記《よしだけひなみき》』応永《おうえい》九年十一月十九日条）としたことから、室町殿《むろまちどの》、あるいは室町幕府の名がうまれた由緒あるところとして知られている（川上　二〇〇二）。

つまり、先の「惣門」とは、この室町殿にかかわって設けられたことがあきらかとなるわけだが、ここで注意しなければならないのは、上杉本が制作されたころには、ここには将軍御所がなかったと考えられている点であろう（高橋（康）　二〇〇六）。

というのも、醍醐《だいご》寺《じ》理性院《りしょういん》厳助《げんじょ》の日記『厳助往年記《げんじょおうねんき》』によれば、永禄二年（一五五九）八月から普請がはじめられ、翌永禄三年（一五六〇）六月に将軍足利義輝が「御移徙《おんわたまし》」した「新御所」とは、室町殿からみても、かなり南のほうになる「勘出（勘解由《かでの》）小路烏丸室町間」（『言継卿記』永禄十年五月十七日条）にあったことがあきらかとなるからである（高橋（康）　二〇〇一b）。

39 ふ ゑ い

40 武衛陣跡

そこはまた、「二条武衛陣《ぶえいのじん》」（『細川両家記《ほそかわりょうけき》』）とよばれたところでもあったが、上杉本右隻（下京隻）で「**ふゑい**」（武衛）と書かれた場所がそれに該当する（瀬田 二〇〇九）。現在でも**武衛陣町**という町名が残されているところである。

結局のところ、義輝はこの「新御所」において、永禄八年（一五六五）五月に三好三人衆と松永久通《まつながひさみち》に襲われ（『言継卿記』五月十九日条）、その命を落としてしまうことになる。したがって、上杉本にみえる「公方様」とは、すでに指摘されているように（高橋（康） 二〇〇六）、義輝にとっては将来そこへ移るべき理想の将軍御所として描かれたものと考えるのが自然であろう。

裏築地町

ところで、義輝が「新御所」の普請をはじめる直前、偶然にもふたりの著名な武将が上洛したことが知られている。『厳助往年記』によれば、二月に上洛したのが「尾州《びしゅう》織田弾正忠」こと、織田信長であり、また、四月に上洛したのが「越後長尾《えちごながお》」こと、のちの上杉謙信（当時は、長尾景《かげ》虎《とら》）である（河内 二〇一〇）。

このうち、信長が宿をとったところが、『信長公記』によれば、「室町通り上京うら辻」であった。すなわち、室町頭町の南側、現在も**裏築地《うらついじ》**

41　立売辻より裏築地町（北から）

町《ちょう》の町名が残されているところである（桃崎　二〇一〇）。上杉本でも、金雲に隠れてややみえにくいものの、「公方様」をはさんで室町通りの西側に町屋がならぶようすで描かれている。

『信長公記』によれば、信長は「義照（輝）へ御礼」と、将軍へ「御礼」（あいさつ）するため、この裏築地町に宿をとったと記されている。しかしながら、同時代史料である『言継卿記』には、信長は、二月二日に上洛し、七日には「昼立ち、帰国」したと記されているので、常識的に考えれば、そのような短期間のうちに将軍に対して「御礼」することなどむずかしかったと判断するのが妥当であろう。

それに対して、謙信のほうは、「武家御礼のため」の上洛であったと『厳助往年記』が明記しているうえ、そのとき義輝から送られた書状（御内書《ごないしょ》）が複数、残されている点からも（『上杉家文書』）、将軍に対し「御礼」したことはまちがいない。

なぜこのように、信長と謙信のあいだで違いが生じたのか、その理由はさだかではないが、くしくも、こののち、上杉本を謙信へ贈ることになったさい、信長がこの裏築地町あたりの画面をながめて、どのような感慨をもったのかという点については、興味がつきないところといえよう。

なお、先ほど別れをつげた武士の行列の主を上杉謙信とみる説も近年、

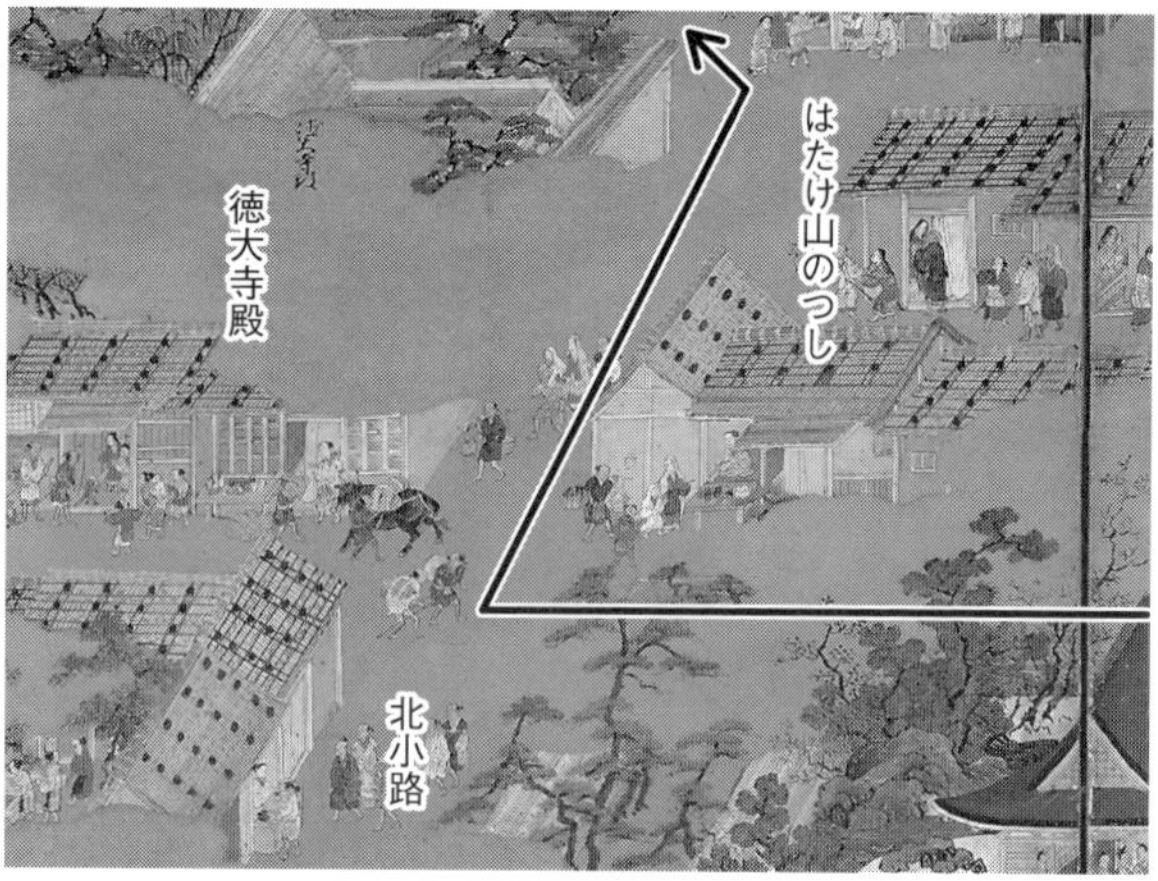

42　北小路・はたけ山のつし・徳大寺殿

43　室町第址の石碑

出されているが（黒田(日) 一九九六、小島 二〇〇九）、それがもし事実であったとするならば、謙信もまた、上杉本をみて、どのように思ったのか、興味深いところといえよう。

「はたけ山のつし」（畠山辻子）と「徳大寺殿」

さて、上杉本に描かれた「公方様」（室町殿）をみてみると、その南の端の築地塀が**北小路**《きたこうじ》（今出川《いまでがわ》通り）とよばれた東西の道に接しているかのように描かれている。しかしながら、実際の室町殿は、どの時代においても、これより北のほうに南端があったと考えられている（高橋(康) 二〇〇四）。

もっとも、もう少し目をこらして「公方様」の南端をみてみると、築地塀が二重につくられており、そのあいだの空間には枝ぶりのよい松が植えられているようすもみてとれる。あるいは、これは、室町殿が北小路に接しないという記憶を伝えているものかもしれない。

とすれば、現在、室町通りと今出川通りの交差点の東北に建てられている**室町第址の石碑**は、やや正確さを欠くわけだが、それはそれとして、わたしたちのあゆみのほうは、北小路に沿って西のほうへとすすめていくことにしよう。

すると、上杉本では、北側に「**はたけ山のつし**」（畠山辻子）、そして

44　現在の畠山町（南から）

南側に「**徳大寺殿**《とくだいじどの》」と書かれた屋敷がみえてくることになる。上杉本より先に制作されたと考えられている東博（東京国立博物館）模本《もほん》洛中洛外図屛風（以下、東博模本）では、「はたけ山のつし」あたりに「畠山殿」が描かれており、また、現在も**畠山町**という町名が残されているので、ここにはかつて畠山氏の屋敷があったのだろう（今谷　一九八八）。ところが、上杉本では、屋敷のすがたはなく、「つし」（辻子《ずし》、図子）とよばれた道が南北に走り、その往来では、女たちが道ゆく男たちをひきとめ、誘いこむようなようすで描かれている。

「はたけ山のつし」と書かれた墨書の左横にみえる「上良《じょうろう》」（上臈《じょうろう》）が、もし「上臈屋」（『日葡辞書《にっぽじしょ》』）を意味するのなら、これらの女性たちも、「遊女屋」の遊女たちをあらわしているのだろう。

ちなみに、上杉本より先に制作されたと考えられている歴博甲本でも、裏築地町より西へ通じる東西の道筋に同じような光景が描かれている。ここも「はたけ山のつし」からほど近い場所となるので、これらを信じれば、かつて将軍御所があった室町殿のすぐ西側の一角には、戦国時代、一種の歓楽街があったといえよう。

いっぽう、目を転じて南側にみえる「徳大寺殿」とは、先の「近衛殿」と同様、公家の徳大寺家の屋敷を意味する。徳大寺家は、摂家につぐ高い家格をほこる清華家《せいがけ》に属していたが、戦国時代には、近衛家との

45　せいくわんじ・かうだう・鐘・ふろ・百万へん

つながりが深いことでも知られている（柴田　一九九二）。

　実際、近衛尚通の妻が徳大寺実淳《さねあつ》の娘であり、そのあいだに生まれたのが、先にも登場した継孝院・宝鏡寺といった娘（尼僧）たちにほかならないからである。ちなみに、上杉本で「徳大寺殿」が描かれているところには、現在も徳大寺殿町という町名が残されており、その位置関係をうかがうことができよう。

「せいくわんじ」（誓願寺）「かうだう」（革堂、行願寺）「百万へん」（百万遍知恩寺）

「はたけ山のつし」と「徳大寺殿」を通りすぎ、北小路をさらに西へとすすんでいくと、上杉本では、ふたたび**小川**のすがたがみえてくることになる。

　また、その小川に沿って北から順に「**せいくわんじ**」（誓願寺《せいがんじ》）、「**かうだう**」（革堂《こうどう》、行願寺《ぎょうがんじ》）、「**百万へん**」（百万遍知恩寺《ひゃくまんべんちおんじ》）と書かれた寺院が立ちならんでいるようすも目に入ってくることになる。

　いずれも現在は同地に所在しないが、それでも京都市中各所になおその伽藍をとどめる名刹として知られている寺院ばかりである。逆に、それらの寺院がかつてこの小川沿いに立ちならんでいたことを知る人のほうがむしろ少ないのではないだろうか。

　そのうえ、小川も暗渠となり、一帯が住宅街となってしまっている現

46　左の茂みが小川の跡，左奥がかつての革堂

47　小川跡に残る橋

在では、よほどのことがないかぎり、気にとめることもないのが自然であろう。ただし、現在でも元誓願寺通り・革堂西町・革堂仲之町《なかのちょう》・革堂町・元百万遍町といった通り名や町名が残されているので、そこをたどる手がかりは残されている（五島　二〇〇四）。

ところで、戦国時代にこれらの寺院が隣接してあったことについては、天文五年（一五三六）七月におこった天文法華の乱のさい、「かわたう（革堂、河堂）・せいくわん寺（誓願寺）・百まんへん（百万遍）やくる（焼ける）」と宮中の女官の日記『御湯殿上日記』七月二十八日条が記していることからも確認できる。

上杉本にみられるそのすがたは、これ以降に再建されたものとなるが、ちょうどこのころに来日していたイエズス会宣教師も、「ここには、絹や緞子《どんす》の機織《はたお》り、そのほか扇子の制作者、また各種の別の職人が大勢いた。それらの店舗の真中に、全市でもっとも参詣人の多い百万遍という阿弥陀の寺があった。（中略）おびただしい群衆（が殺到して）喜捨《きしゃ》をしたり、大声で（そこの）偶像に祈ったりした」（『フロイス日本史』）と伝えており、その復興ぶりがうかがえる。

同じ小川沿いでも、先にみた宝鏡寺のあったところとはかなり雰囲気も異なり、町屋の立ちならぶ市街地に「百万へん」などの寺院が混在していたことが知られる。とともに、おそらくはそのこととも無縁ではな

48 ふ ろ

49 百万遍跡（南から）

いのだろう、「かうだう」の**鐘**（「上京革堂鐘」）は、戦国時代、洛中（上京・下京）に一向一揆などが攻めこんできたさい、「下京六角堂」の鐘とならんで、「町人」によって「集会《しゆえ》の鐘」として打ち鳴らされたことでも知られている（『二水記《にすいき》』天文元年九月二十六日条）。

このことから、「かうだう」は、上京の町人たちが「集会」する場としてつかわれていたのではないかと考えられているが（高橋（康）二〇〇一a）、上杉本にわざわざこの鐘が描かれているのもまた、そのようなことを象徴しているのかもしれない。

「ふろ」（風呂）

ところで、上杉本の「かうだう」と「百万へん」にはさまれたところをもう少し注意深くみてみると、「**ふろ**」と書かれた施設もあったことがわかる。この場合の「ふろ」（風呂）とは、蒸し風呂を意味するが、たしかに建物のなかには裸すがたの男たちや、そこで働く人々のすがたも見いだすことができる。

戦国時代では、公家や武家でも屋敷内に風呂をそなえていたところは、近衛家などごく一部にかぎられており、そのこともあって、山科言継が、この「河堂《こうどう》の風呂」へ公家仲間にさそわれて入ったという記事なども確認することができる（『言継卿記』永禄十一年四月二十三日条）。

50　現在の革堂行願寺

おそらく、上杉本に描かれる「ふろ」もまた、言継のような公家だけではなく、町人たちも利用する、いわゆる銭湯だったのではないかと考えられるが（『醒酔笑《せいすいしょう》』）、ただ、『言継卿記』弘治《こうじ》元年（一五五五）二月八日条にみえるように、仲間うちで「合木《ごうもく》」（燃料の木を出しあって風呂をわかすこと）し、「留《とめ》」（風呂）（他人を入れないで自分たちだけで入浴すること）として楽しむことなどは、言継をふくめた公家や一定の経済力をもつ町人にしかできなかったことであろう。

残念ながら、どのような理由があったのかについてまではわからないが、上杉本では、このような「ふろ」はここにしか描かれていない。しかし、実際には風呂屋は洛中の各所にあった。

たとえば、『言継卿記』にかぎってみても、「三条室町の風呂」（天文二年十二月二十一日条）や「一条風呂」（天文十三年四月四日条）、あるいは、「正親町《おおぎまち》室町の風呂」（同年十二月二十八日条）といった複数の風呂屋の存在が確認できるからである。

また、時代は少しさかのぼるものの、室町時代には、延暦寺大衆《だいしゅ》の祭礼として知られる日吉小五月会《こさつきえ》をおこなうための費用である馬上銭《ばじょうせん》（馬上役《やく》）が、洛中の酒屋や土倉《どそう》とともに風呂屋にも課せられていたことが知られている（『八瀬童子会文書《やせどうじかいもんじょ》』）（下坂　二〇〇一）。

酒屋や土倉といえば、室町・戦国時代の京都では、もっとも富裕な商

51　小川跡と一条通りの合流点から戻橋方向を望む

人として知られているが、それらとならぶ風呂屋もまた、もうかる商売だったのだろう。

もっとも、彼らがおさめなければならない馬上銭の額については、風呂屋一軒につき二貫文《かんもん》であったのに対し、酒屋一軒では一三貫文であったことからすれば（『八瀬童子会文書』）、それぐらいのもうけの差というのはあったのかもしれない。

いずれにしても、室町時代においては、洛中の風呂屋が延暦寺大衆の影響下にあったことはまちがいなく、それに「かうだう」（革堂）が延暦寺横川《よかわ》の末寺であったこともふまえるならば（下坂　二〇〇二）、上杉本に描かれた「ふろ」（「河堂の風呂」）（高橋（康）　二〇〇一a）もまた、延暦寺大衆の影響下にあった可能性は高いであろう。

なお、将軍側近であった大舘常興《おおだちじょうこう》の日記『大舘常興日記』天文九年（一五四〇）七月九日条によれば、「洛中洛外風呂公事役《くじやく》」なる一種の税を幕府奉行人《ぶぎょうにん》である「治部河内守《じぶかわちのかみ》」（治部貞兼《さだかね》）が「当知行」していたにもかかわらず、「小河新風呂・革堂風呂以下」が「難渋《なんじゅう》」（出ししぶり）していたという事実が読みとれる。

このような動きの背後にも、あるいは延暦寺大衆の影響を読みとることができるのかもしれないが、時期的なことも考慮に入れれば、天文法華の乱後の復興という事情も関係していたのかもしれない。

52　もとりはし

53　一条戻橋（東から）

「もとりはし」（戻橋）

小川も「百万へん」あたりまでくると、上京の惣構の南の端に近くなってくる。実際、上杉本でも、北の端でみたような農地がすぐそこにせまっているようすがみてとれるが、「百万へん」の南側を東西に走る道が一条通りとなる。

つまり、今わたしたちが立っているあたりは、小川と一条通りが合流する地点であり、そして、その視線を西のほうへと向けていくと、堀川という川にかかる一本の橋にも目がとまることになる。上杉本に「**もとりはし**」と書かれた、**一条戻橋**《いちじょうもどりばし》である。

現在も同じ場所に橋が架かっているが、一条大路がかつての平安京の北辺でもあったため、中世においてもなお、「およそ一条以北は、これ洛外なり」（『壬生家文書《みぶけもんじょ》』）というように、一条通り、そしてこの「もとりはし」は、洛中と洛外を区切る境界として意識されていた。

また、その意識は拡大解釈されて、あの世とこの世の境界のようにもみられていた。たとえば、「一条もどり橋東詰めに夜々拍物《はやしもの》あり」（『看《かん》聞日記《もんにっき》』嘉吉《かきつ》元年二月二十七日条）とか、「異類のもの一条堀川橋のうえで歌舞す」（『建内記《けんないき》』同年三月四日条）といった、この世のものではない異《い》類異形《るいいぎょう》の出没するところとして、室町時代の日記にも記録されている

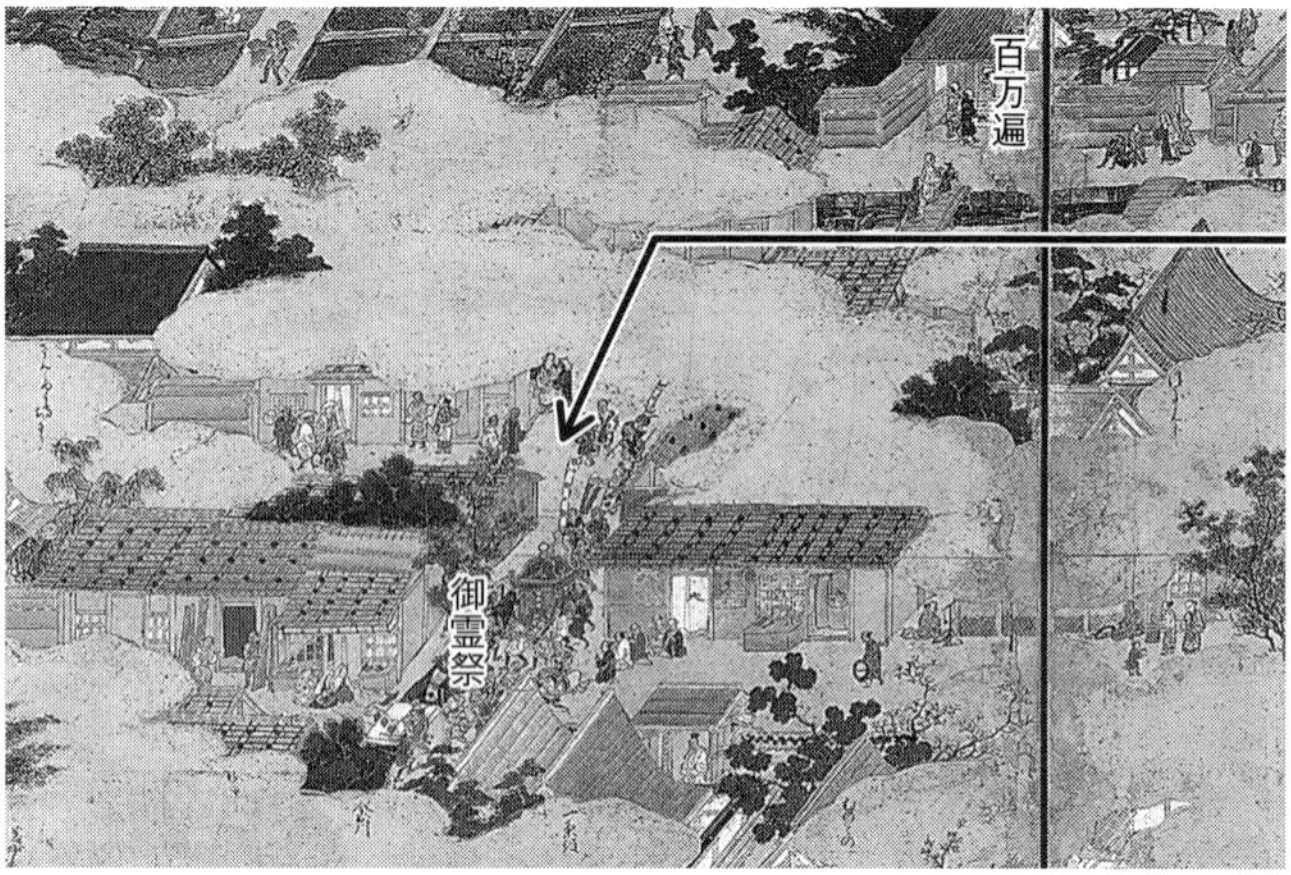

54　百万遍から御霊祭へ

からである。

上杉本の「もとりはし」をみてみると、たしかに周囲には建物もなく、なるほどといった感じもうける。しかしながら、現在のように、堀川の流れもほとんど絶え、堀川通りも自動車がひっきりなしに往来する大通りと変貌してしまっては、中世の人々がいだいていた境界意識を理解するのは、かなりむずかしいことといえよう。

なお、少し時代はさがるが、秀吉の時代になると、一条戻橋より西側にあたる内野《うちの》に聚楽第《じゅらくだい》（聚楽城）が建設され、このあたりの光景も一変することになる。再開発がすすめられ、侍屋敷などが建ちならぶようになったと考えられているからである。

おそらくそのことも関係があるのだろう、天正十九年（一五九一）二月には、秀吉の命によって、「茶の湯天下一」の「宗益《そうえき》」（千宗易、千利休）の「木像」が「一条橋」（「もとり橋」）で「ハツ付け」（磔《はりつけ》）にされるという、著名な事件がおこっている（『時慶記《ときよしき》』二月二十五日条、『伊達家文書《だてけもんじょ》』）。

宗易自身もその後まもなくして自刃に追いこまれるが、もし、「もとりはし」周辺が戦国時代のようなままであったのなら、このようなこともおこりえなかったにちがいない。

その「もとりはし」のほうまで行ってしまうと、上京からやや離れてしまうことになるので、わたしたちのあゆみのほうは一条通りを東へと向けることにしよう。すると、前方に神輿の行列がみえてくることになる。

そう、最初のほうに紹介した御霊祭の行列である。その先頭は、一条通りと烏丸通りの交差点をまがって北上しつつあるが、わたしたちのあゆみもこの御霊祭のあとをゆっくりとたどりつつ、そろそろおわりにすることにしよう。

▼（32ページより続く）

第４図　洛中絵図（一条辻）

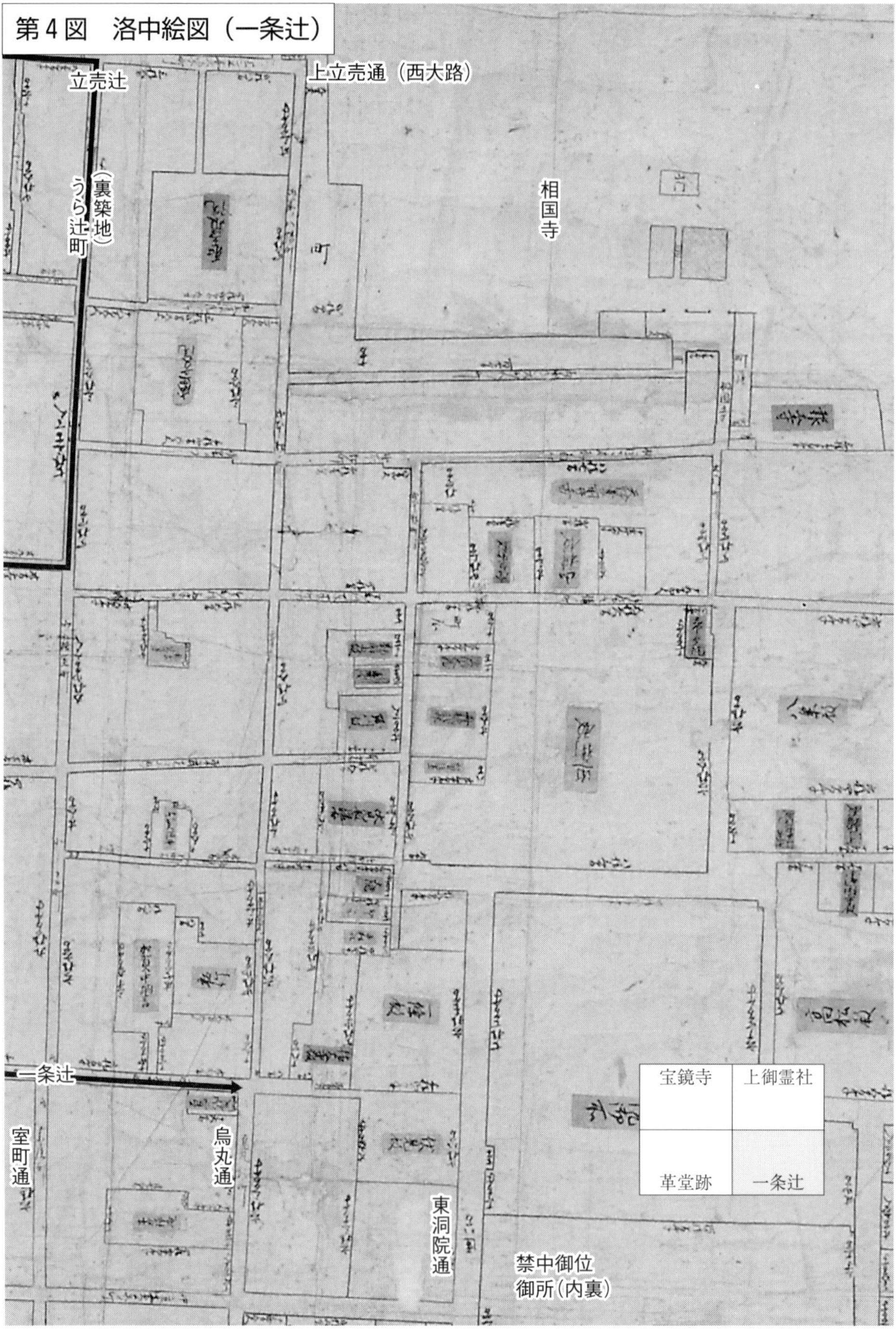

▼（33ページより続く）

第５図　洛中絵図（革堂跡）

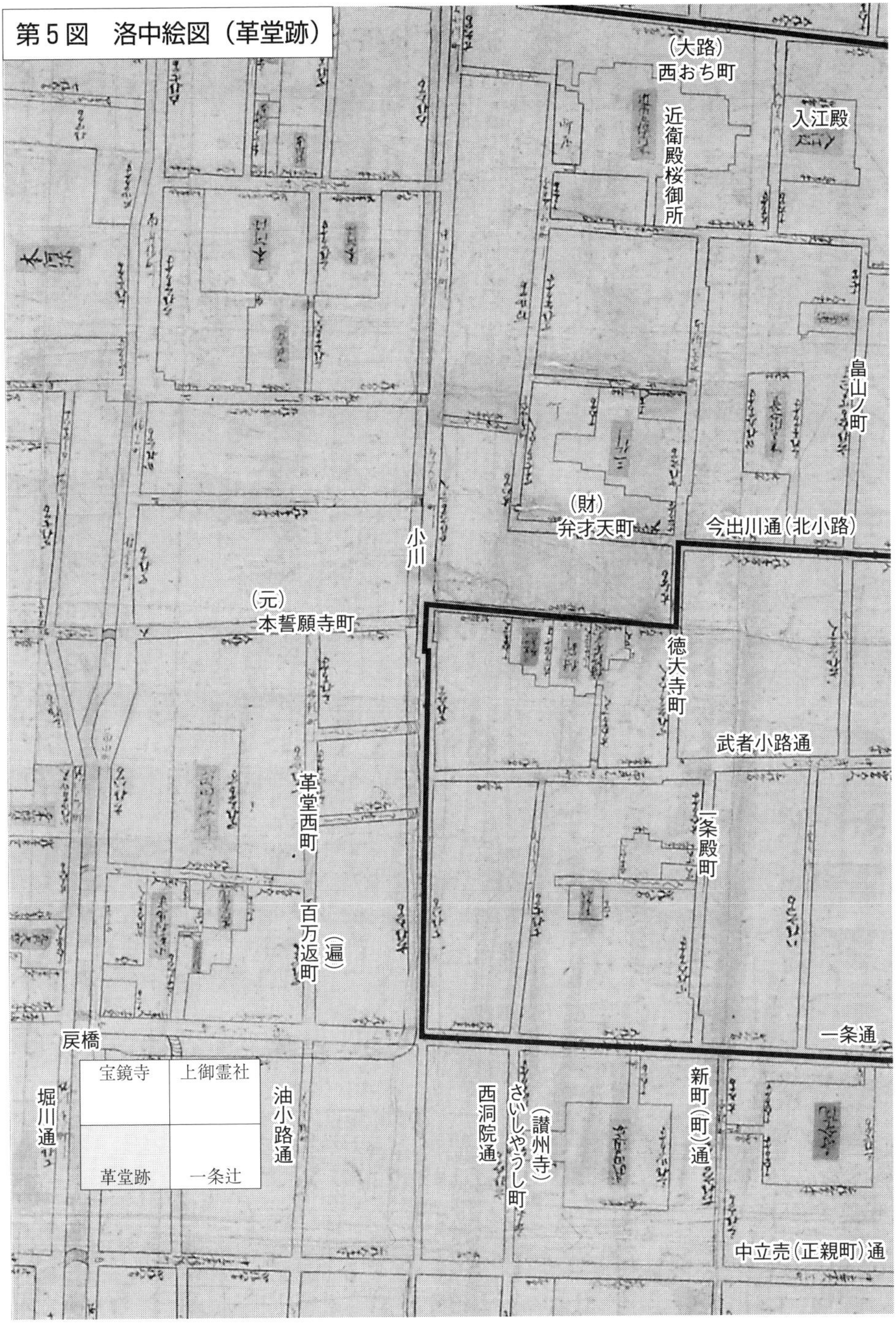

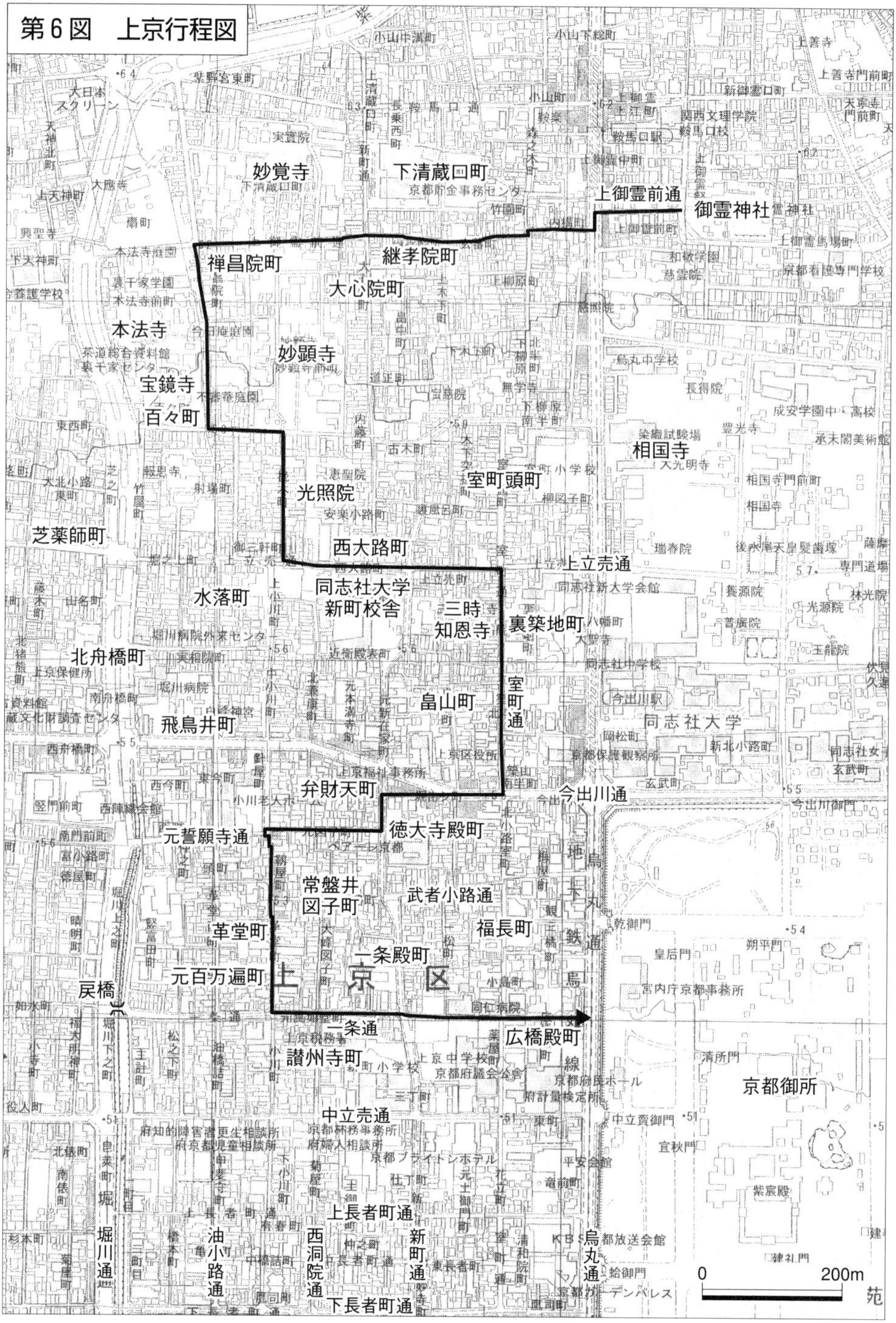
妙覚寺
下清蔵口町
上御霊前通
御霊神社
禅昌院町
継孝院町
大心院町
本法寺
妙顕寺
宝鏡寺
百々町
相国寺
光照院
室町頭町
芝薬師町
西大路町
上立売通
同志社大学
新町校舎
水落町
三時
知恩寺
裏築地町
北舟橋町
畠山町
室町通
飛鳥井町
弁財天町
今出川通
元誓願寺通
徳大寺殿町
常盤井
図子町
武者小路通
革堂町
福長町
一条殿町
元百万遍町
上京区
戻橋
一条通
広橋殿町
讃州寺町
京都御所
中立売通
上長者町通
西洞院通
新町通
油小路通
堀川通
烏丸通
下長者町通
0
200m

第6図　上京行程図

55　三条烏丸・場町・饅頭屋町

二　惣構に囲まれた下京を歩く

三条烏丸場町

それではつぎに、上京とならんで洛中を構成していた下京のなかを歩いていくことにしよう。出発点は、下京の中心近く、三条通り（三条大路）と烏丸《からすま》通り（烏丸小路）が交差する**三条烏丸**である。現在であれば、京都市地下鉄烏丸御池《おいけ》駅の南側出口から地上へあがったところとなる。

上杉本では、この三条烏丸から北のほうに視線を移すと、米俵を背負った馬や一仕事を終えて水を飲む馬、あるいは馬から米俵がおろされ、その米を商う町屋といった光景が目にとびこんでくることになる。

この一帯の町名は、現在、**場之町**《ばのちょう》。戦国時代の史料でも、「三条場」（『徳政御下知頭人加判引付《とくせいおんげちとうにんかはんひきつけ》』）や「三条烏丸場町《ばのちょう》」（『石清水文書《いわしみずもんじょ》』）、あるいは「三条米ノハ」（『多聞院日記《たもんいんにっき》』天正《てんしょう》七年十一月八日条）と出てくる「米ノハ」（米場）がおかれたところとして知られている（瀬田　二〇〇九）。

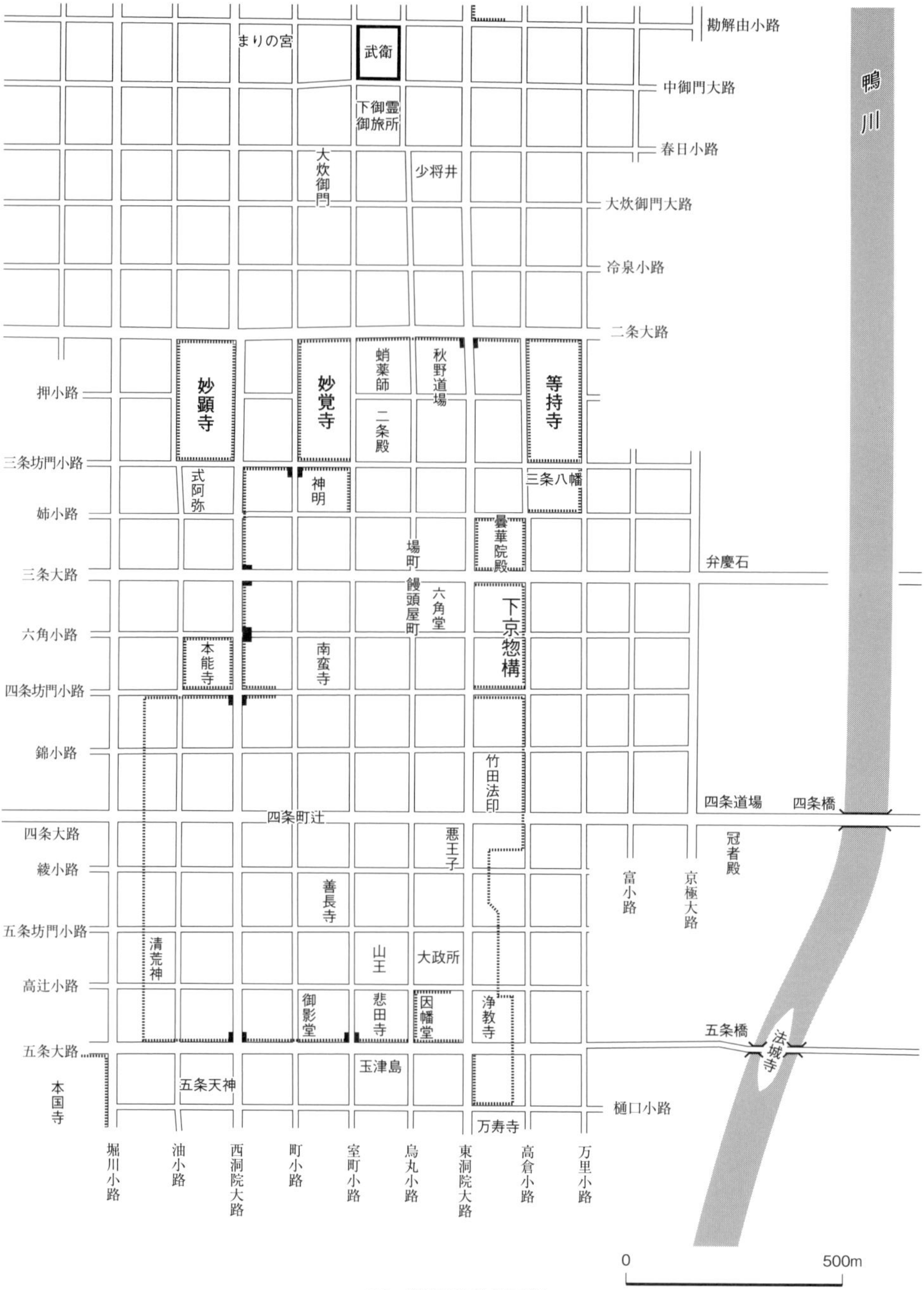

56　戦国時代の下京

山田邦和『京都都市史の研究』所収の図をもとに上杉本の墨書と本書でおとずれるところを修正をまじえつつ作成.

57　三条烏丸にある京都市道路元標

58　三条烏丸（西から）

もっとも、この米場がどのようなところであったのかという点については、はっきりとしたところはわからない。ただ、残された史料（『蜷川《にながわ》家文書《けもんじょ》』）によるかぎり、戦国時代の永正《えいしょう》年間（一五〇四〜二一）ころには、「諸口《しょくち》」（いわゆる七口《ななくち》）から「洛中」へ入ってくる「駄米《だまい》」（馬に乗せられて運ばれてきた米）は、この「場に付け」られねばならず、勝手に「小売在所」に「付け置」いたり、「他所において市《いち》を立」てることなどが禁じられていたようすが読みとれる。

つまり、上杉本にみえる光景というのは、「駄米」が米場に付けられたようすをあらわしているものとなるわけだが、右の史料からは、米場が、戦国時代の京都において独占的に「駄米」をとりあつかう市場であったこともうかがえよう。

右と同じ史料には、「場沙汰人《さたにん》」や「米場沙汰人」、あるいは「米場座」（『蜷川家文書』）といったことばもみえるので、「沙汰人」や「座」といった同業者組織のもとで、「駄米」の相場なども決められていたのかもしれない。もしそうなら、その相場は、首都京都で決められたものである以上、ほかの地域の米価へも少なからず影響をあたえるものとなったことであろう。

ちなみに、応仁・文明の乱（応仁の乱）の最中に記された史料では、米場は、「三条室町《むろまち》米場」（『東寺執行日記《とうじしぎょうにっき》』文明六年四月二十三日条）と出て

59　場之町（北から）

くる。三条室町とは、三条通りと室町通り（室町小路）が交差するところを意味するので、米場は、戦国時代のある時点から上杉本に描かれた三条烏丸へと移されたことがわかる。

現在のところ、「三条烏丸場町」という町名が登場してくるのは、天文《てんぶん》年間（一五三二～五五）以降と考えられている。よって、その移転は、天文五年（一五三六）七月におこった天文法華の乱によって下京が全焼したのちとみるのが自然であろう（河内　二〇一四予定）。

饅頭屋町

三条烏丸から、今度は南のほうへと視線を向けてみることにしよう。すると、上杉本では、烏丸通りに門を開いた寺院のすがたが遠目にのぞむことができる。「六かくだう」と書かれたその墨書から、六角堂《ろっかくどう》（頂《ちょう》法寺《ほうじ》）であることがわかる。

この六角堂については、最後のほうでまたおとずれようと思っているので、ここでは烏丸通り沿いにつらなる町屋のほうに注目してみよう。上杉本では、あまり多くの町屋は描かれてはいないが、実際には、ここの両側にも町屋がぎっしりとならんでいたことが、少し時代のさがった天正《てんしょう》年間（一五七三～九二）の史料（『饅頭屋町文書《まんじゅうやちょうもんじょ》』）から読みとれる。

その町名は、**饅頭屋町《まんじゅうやちょう》**。町内の一角に門を開いていた六角堂よりも

60　饅頭屋町（東から）

著名な饅頭屋があったため、そのようによばれることになったのであろう。その存在は、すでに応仁・文明の乱後の延徳《えんとく》三年（一四九一）の史料（『蓮成院記録《れんじょういんきろく》』八月二十四日条）に「三条六角堂の西側の店饅頭屋次郎」として確認できるが、江戸時代後期にその縁者が語ったところによれば、その由緒とはつぎのようであった（『饅頭屋町文書』）。

すなわち、饅頭屋町の饅頭屋は、南北朝時代の禅僧「大照国師《だいしょうこくし》（禅師《ぜんじ》か）」（龍山徳見《りゅうざんとくけん》）が「唐」（中国）より日本へ「帰朝」したさい、「同道」したかの国の「林和靖《りんわせい》」（林浄因《じょういん》か）が「烏丸三条下《さが》ル町にて家作《かさく》住居」し、その「一子」が「はじめて饅頭をこしらえ」て以来、「代々饅頭ならびにふくさ渡世」をおこなってきた「日本饅頭濫觴《らんしょう》（はじまり）の家」である、と。

残念ながら、このことを裏づけられる同時代の史料は残されてはいない。しかしながら、江戸時代前期に成立した地誌『京雀《きょうすずめ》』の「まんぢうやの町」のところにも「この町の饅頭屋は日本第一番饅頭のはじめなるよし」とみえることからすれば、同じような由緒が戦国時代にも語られていた可能性は高いであろう。

もっとも、現在の饅頭屋町には、饅頭屋は存在しない。それは、饅頭屋町に伝えられた『饅頭屋町文書』によれば、江戸時代後期の寛政《かんせい》十年（一七九八）に当主が「急病」でなくなり、「絶家」となってしまったた

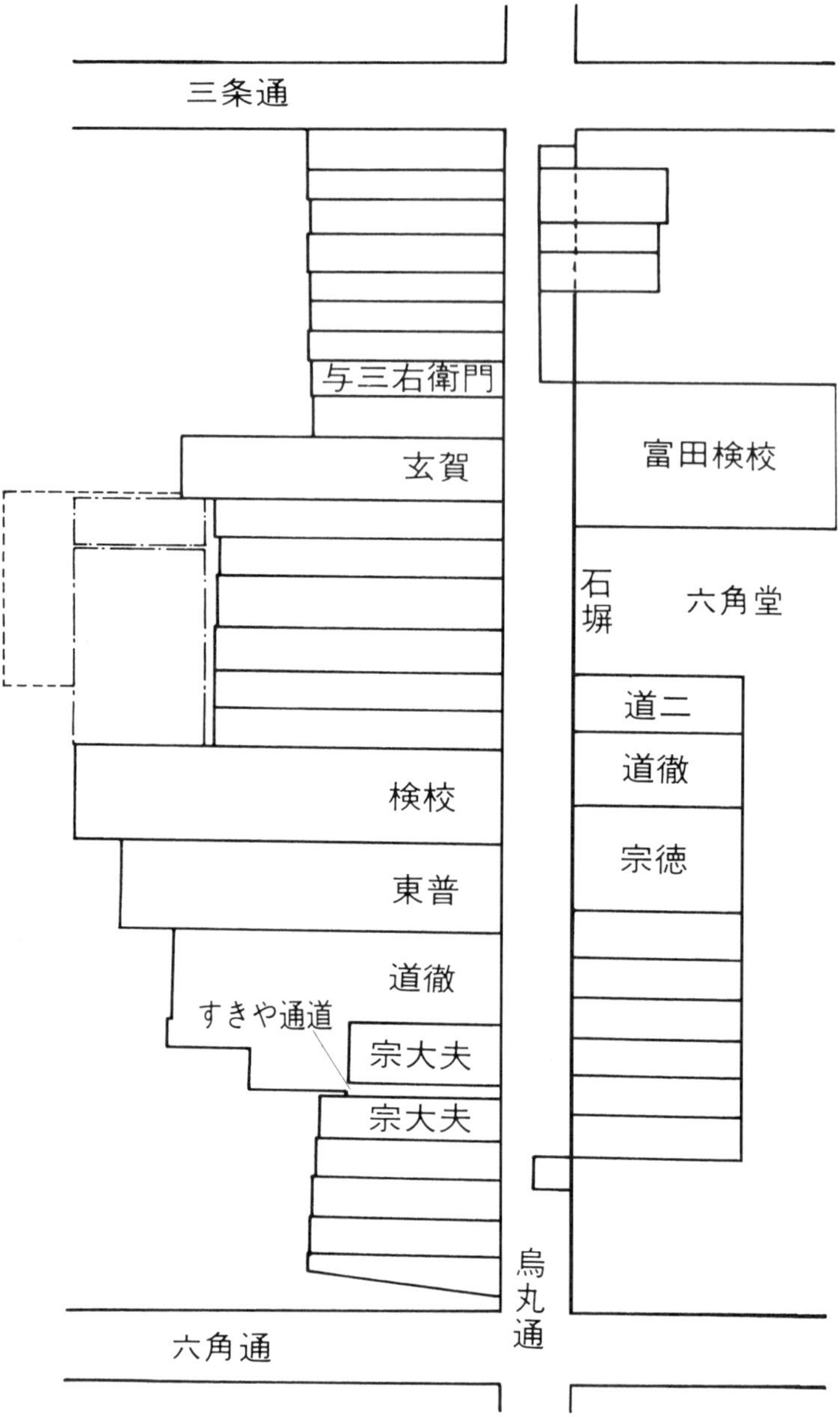

61　天正年間の饅頭屋町の屋敷地割（『日本都市史入門　Ⅰ　空間』より）
広い屋敷地をもつ東普や道徹といった人々が饅頭屋の一族であることが，『両足院文書』によって確認できる．

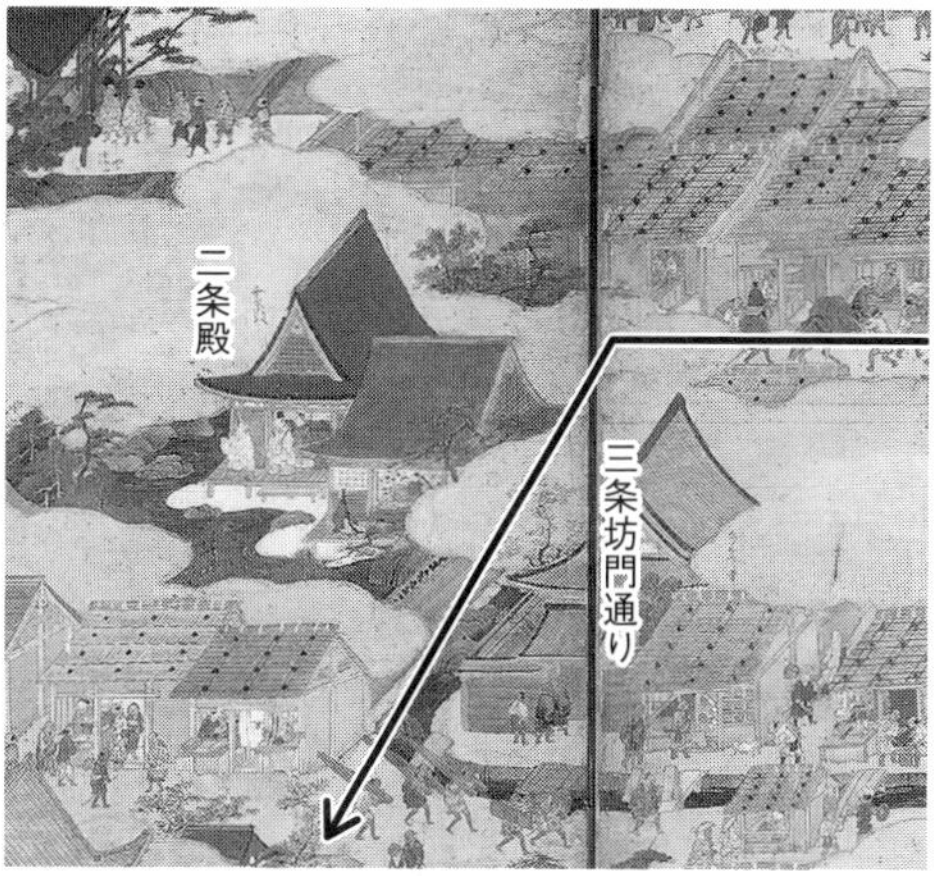

62　二条殿・三条坊門通り

63　三条坊門烏丸（左が二条殿跡）

めであったという（『饅頭屋町文書』）（青木　一九九七）。

「二条殿」

三条烏丸から南北両方向をながめたところで、それでは、場町を通りつつ、烏丸通りを北のほうへとすすんでいくことにしよう。すると、上杉本では、左手前方に「二条殿《にじょうどの》」と書かれた大きな屋敷がみえてくることになる。

「二条殿」とは、南北朝時代に成立した『太平記《たいへいき》』に「押小路《おしこうじ》烏丸に二条中《ちゅう》納《な》言《ごん》良基《よしもと》卿《きょう》の宿所」とみえることからもあきらかなように、公家の二条家の屋敷を意味する。

上杉本でも、また、これよりまえに制作されたと考えられている歴博甲本でも、ここには、水をたたえた池が描かれているが、江戸時代前期に書かれた『老人雑話《ろうじんざつわ》』という編纂物によれば、その「小（御《お》）池《いけ》より泉湧き出で、四条へ流れ、今の月鉾《つきほこ》の町より西へ流」れていたという。

そのことをふまえて、上杉本や歴博甲本をながめてみると、たしかに「二条殿」より川が流れ出し、それが室町通りから四条通り、そして西《にしの》洞院《とういん》通り（西洞院大路）に流れる川へとつながっていたようすがみてとれる。

その名も「室町河」とよばれていたようだが、江戸時代中ころにはす

64　二条殿跡
現在は京都国際マンガミュージアムの敷地になっている

65　二条殿の名を伝える交番

でに「今はなし」（『山州名跡志《さんしゅうめいせきし》』）という状態であったらしい。もちろん現在は、その痕跡すらたどることもむずかしいが、その湧水量がかなりのものであったことがしのばれよう。

信長の「二条屋敷」

ところで、この「二条殿」には、上杉本が描かれてからしばらくたった天正四年（一五七六）という年に大きな変化がおとずれることになる。公家の山科言経《やましなときつね》の日記『言経卿記《ときつねきょうき》』五月二日条に「二条殿御跡、大将殿屋敷になる」と記されているように、このころ、「大将」（右近衛大将《うこんえのたいしょう》）の職にあった織田信長の「屋敷」へと変貌することになるからである（横田　一九九三）。

これよりまえの三月から四月にかけて信長は、上京の「報恩寺《ほうおんじ》」（上杉本右隻の「内裏様《だいりさま》」の近くに「ほうおん寺」として描かれている）を「普請」し、そこへ「二条殿」の主、二条晴良《はれよし》を移している（『言経卿記』三月二十八日条・四月十二日条）。ここからは、「二条殿」が強制的に接収されたうえ、信長の屋敷（「二条屋敷」「二条御新造《ごしんぞう》」とよばれた）へと変貌していったことが知られよう。

ちなみに、この同じ年の二月に信長は近江国（滋賀県）の「安土城」に「御登城」したことが史料（『兼見卿記《かねみきょうき》』二月二十五日条）からは読みと

66　三条坊門室町（右が二条殿跡，左が妙覚寺跡）（東から）

れる。このことからすれば、この時期、信長のなかでは、安土城とこの「二条屋敷」が、天下統一の拠点として位置づけられていたことも知られよう（朝尾　二〇〇四ａ）。

その「二条屋敷」に信長が「移徙《いし》」（ひっこし）したのは、一年あまりたった天正五年（一五七七）閏《うるう》七月十二日のこと（『孝親公記《たかちかこうき》』閏七月十二日条）。そして、その後しばらくは、この「二条屋敷」を宿所として利用しているが、それからわずか二年後の天正七年（一五七九）十一月には、ここを「親王御方《しんのうおんかた》」（誠仁《さねひと》親王）に「御進上」し（『兼見卿記』十一月十五日・二十一日条ほか）、みずからは西隣にあった妙覚寺《みょうかくじ》や少し離れた本能寺へと宿所を移していくことになる。

本能寺の変が本能寺でおこったのは、まさにそこを信長が宿所にしていたためであったが、ここからは、信長が結局のところ京都には堅固な構えをもつ城などをもたなかったことが読みとれよう。

ちなみに、本能寺の変のさい、ここ「二条殿」（誠仁親王の御所になって以降は、「下《しも》御所」「二条御所」「二条御殿」「二条屋敷」などとよばれた）で命を落としたのが、信長の後嗣織田信忠《のぶただ》である。

このとき信忠は、西隣の妙覚寺に寄宿していたが、信長が討たれたのちに「妙覚寺を出て下御所へ取り籠も」り、そこで「打ち死に」したことが、『言経卿記』天正十年（一五八二）六月二日条などから読みとれる。

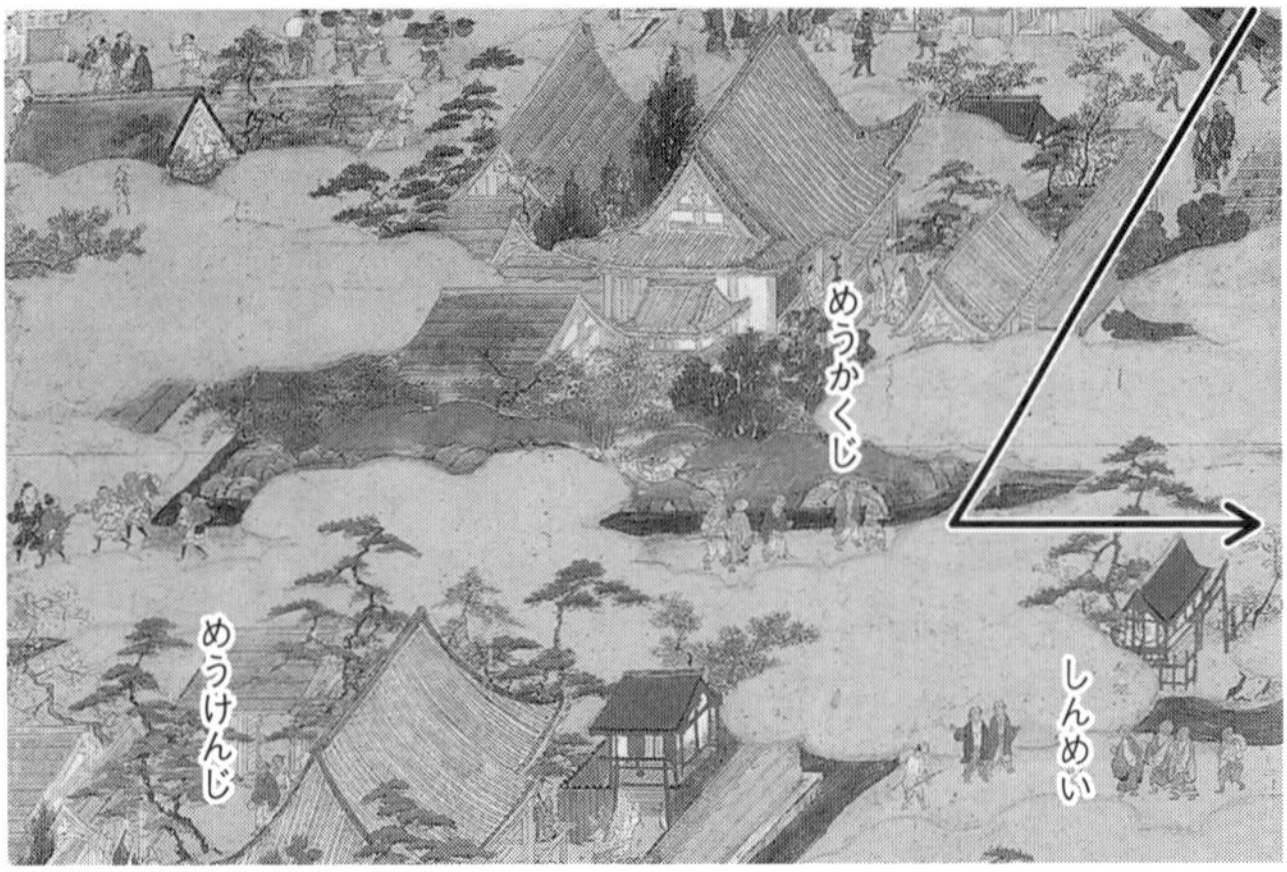

67　めうかくじ・めうけんじ・しんめい

また、公家の吉田兼見の日記『兼見卿記』同日条には、「二条御殿など放火」と記されているので、「二条殿」にも火がかけられたことが知られよう。

このように、「二条殿」は、上杉本に描かれてから後のほうが波乱に富んだ運命をたどることになるわけだが、しかしながら、上杉本に描かれた「二条殿」は、そのような運命が待ちうけているとも知らず、しずかでおだやかなたたずまいをみせている。

「めうかくじ」（妙覚寺）と「めうけんじ」（妙顕寺）

それではつぎに、「二条殿」の南側の築地塀《ついじべい》に沿って、西のほうへとすすんでいくことにしよう。わたしたちが今歩いている道は、**三条坊《さんじょうぼう》門《もん》通り**（三条坊門小路、御池《おいけ》通り）であり、下京の惣構の北の端近くにあたる。実際、ここから北のほうを遠目にながめてみると、上京を歩いたときにもみたような農地がひろがっているようすがみてとれる。

上杉本では、三条坊門通りに「二条殿」から流れ出た川が苔むした岩のあいだを流れるかのように描かれているが、現在、御池通りとよばれるこの道は、道幅も広げられ、自動車の往来もはげしい道となっているため、そのおもかげすら感じることはできない。

いっぽう、上杉本のなかの三条坊門通りと室町通りが交差するところ

68　右が妙覚寺跡（南から）

までやってくると、その北西方向に瓦葺きの大きな建物が目に入ってくることになる。「**めうかくじ**」と書かれていることから、それが妙覚寺であることがわかる。

また、その西側にも同じような瓦葺きの建物がみえ、こちらは「**めうけんじ**」（妙顕寺《みょうけんじ》）であることがわかる。ともに京都を代表する日蓮宗寺院であるが、ここからは、この時期、両寺が下京の惣構の北側に陣取っていたことが知られよう。

上京を歩いたときにもふれたように、秀吉の時代になって、妙覚寺・妙顕寺ともに、上杉本に描かれた場所から移転を余儀なくされてしまうが、それでは、上杉本に描かれたところには、いつごろから所在していたのであろうか。

このうち、妙顕寺については、上杉本に描かれた場所を意味する「北二条　南三条坊門　東西洞院　西油小路」の「敷地」を永正《えいしょう》十八年（一五二一）には「領知」していたことが確認できるので（『妙顕寺文書』）、おそくとも永正十八年には、同じ場所にあったことがわかる。

それに対して、妙覚寺のほうは、歴博甲本にすでに上杉本と同じ場所に描かれており、また、壬生晴富《みぶはれとみ》という下級官人が記した日記『晴富宿《はれとみすく》禰記《ねき》』明応《めいおう》二年（一四九三）九月十三日条には、「妙覚寺」は「五条坊門大宮」にあったと記されているので、明応二年より後で、歴博甲本が描

69　妙顕寺跡の石碑

かれた時期までに移転していたと考えられよう。

つまり、妙顕寺・妙覚寺ともに、おそくとも戦国時代には、上杉本に描かれた場所にあったと考えられるわけだが、先にもふれたように、両寺ともに下京の惣構の北側に位置し、また敷地も広く、しかもそのまわりには堀も掘られていたようすがみてとれる。

おそらくは、そのような立地が影響したのだろう、妙覚寺は、永禄《えいろく》元年（一五五八）十二月に将軍足利義輝《あしかがよしてる》の御座所となり（『兼右卿記《かねみぎきょうき》』十二月三日条）、それ以降でも、信長や信忠のおもな宿所になったことでも知られている（河内　二〇一三）。

いっぽう、妙顕寺のほうも、天正十一年（一五八三）九月に「筑州《ちくしゅう》屋敷」（『兼見卿記』九月十一日条）として「筑州」（羽柴秀吉）に接収され、「天主」までそなえた「要害《ようがい》」（『宇野主水日記《うのもんどにっき》』天正十三年七月六日条）へと変貌してしまうことになる。義輝や信長、秀吉といった権力者と接点をもつことによって、妙覚寺・妙顕寺ともに、大きな影響をこうむったことが知られよう。

ちなみに、現在、**妙覚寺跡地**には、上《かみ》妙覚寺町と下《しも》妙覚寺町という町名が、また、**妙顕寺跡地**にも、古城町《こじょうちょう》と下古城町という町名が残されており、そのおもかげをわずかに伝えている。

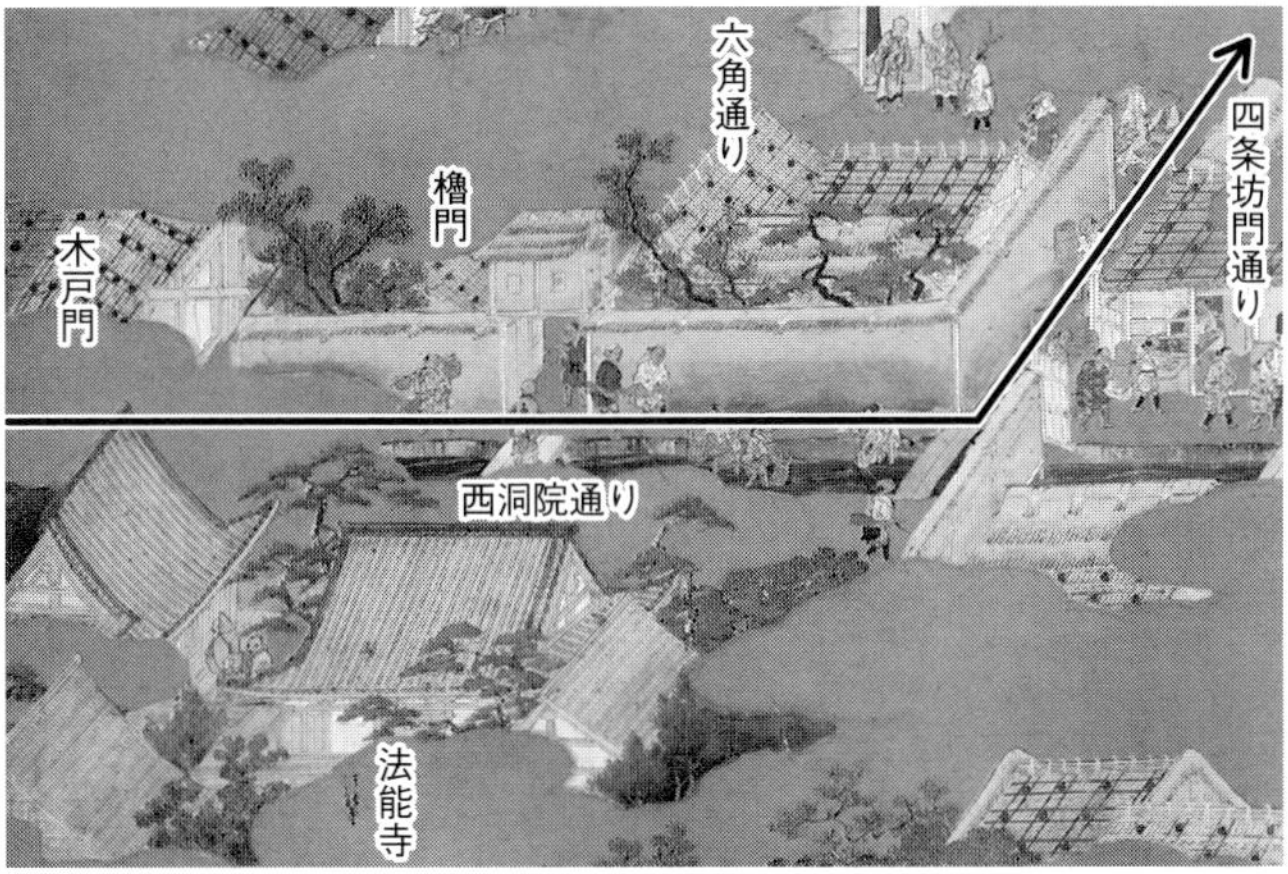

70　西洞院通り・木戸門・櫓門・六角通り・法能寺・四条坊門通り

西洞院通りから「法能寺」（本能寺）へ

妙顕寺の東南の隅からつぎに南に方角をかえて、先をすすむことにしよう。今歩いているこの道は、**西洞院通り**（西洞院大路）である。上杉本では、この道に沿って川が流れているが、現在は暗渠《あんきょ》となり、そのすがたをみることはできない。ただ、それでもこの道自体が今でも周囲から少しくぼんだ状態にあるので、ここに川があったことがうかがえよう。

上杉本では、この川の東側に土塀や**木戸門**（釘貫《くぎぬき》という）、あるいは**櫓門**のすがたをみてとることができる。いずれも下京の惣構の一角をなすものであり、ちょうどこのあたりが下京の西の端であったことが実感できる。

上京を歩いたときには、宝鏡寺《ほうきょうじ》の西南隅にみられた櫓が、ここでは門をそなえて、**六角通り**（六角小路）の入り口にそびえたっている。そして、この櫓門の西側にみえる瓦葺きの建物が「**法能寺**」（本能寺）となる。先にみた妙覚寺・妙顕寺と同様、京都を代表する法華宗《ほっけしゅう》（日蓮宗）寺院である。

その本能寺が、上杉本に描かれた場所と同じ「下京六角と四条坊門、油小路《あぶらのこうじ》西洞院中間、方四丁町《ほうしちょうちょう》」の敷地を「領知」していたことについては、おそくとも天文十四年（一五四五）には確認できるので（『本能寺

71　かつて櫓門があった六角西洞院（南から）

72　明智勢も通った四条坊門西洞院（西から）

文書』）、そのころには、ここにあったと考えられよう（河内　二〇〇八ａ）。

あらためてふれるまでもなく、この本能寺において信長は命を落とすことになるわけだが、もっとも、信長がここを宿所にしていたころには、「御屋敷」（『兼見卿記』天正九年二月二十二日条）や「御殿」（『蓮成院記録』天正十年六月二日条ほか）とよばれる施設が建てられていたので、上杉本にみえるすがたとは、かなり異なるものとなっていたことであろう。

ところで、本能寺の変の当日、明智勢のひとりとして本能寺に入ったという本城惣《ほんじようそう》右《え》衛門《もん》なる人物が書き残した覚書《おぼえがき》（『本城惣右衛門覚書』）によれば、明智勢は、「南堀際へ、東向きに参り」「本道へ出」て、それから「内へ入」ったという。

ここからは、明智勢が本能寺の南側に走る**四条坊門通り**（四条坊門小路、蛸薬師《たこやくし》通り）を西から東へと向かい、西洞院通りと交差したところを北上したすえ、川に架かっていたであろう橋をわたって本能寺内へと入ったことがわかる。

つまり、本能寺の門は、当時、西洞院通りに開いていたことがわかるわけだが、『本城惣右衛門覚書』によれば、その「門は開いて、ねずみほどなるものな」い状態であったという。門は開いたまま、警固するものもほとんどいない、まったくの無防備のなかに信長がいたことが知られよう（河内　二〇一〇）。

73　秀吉の時代に移転した現在の本能寺

74　本能寺跡の石碑

75　織田信孝によって建てられた信長の墓

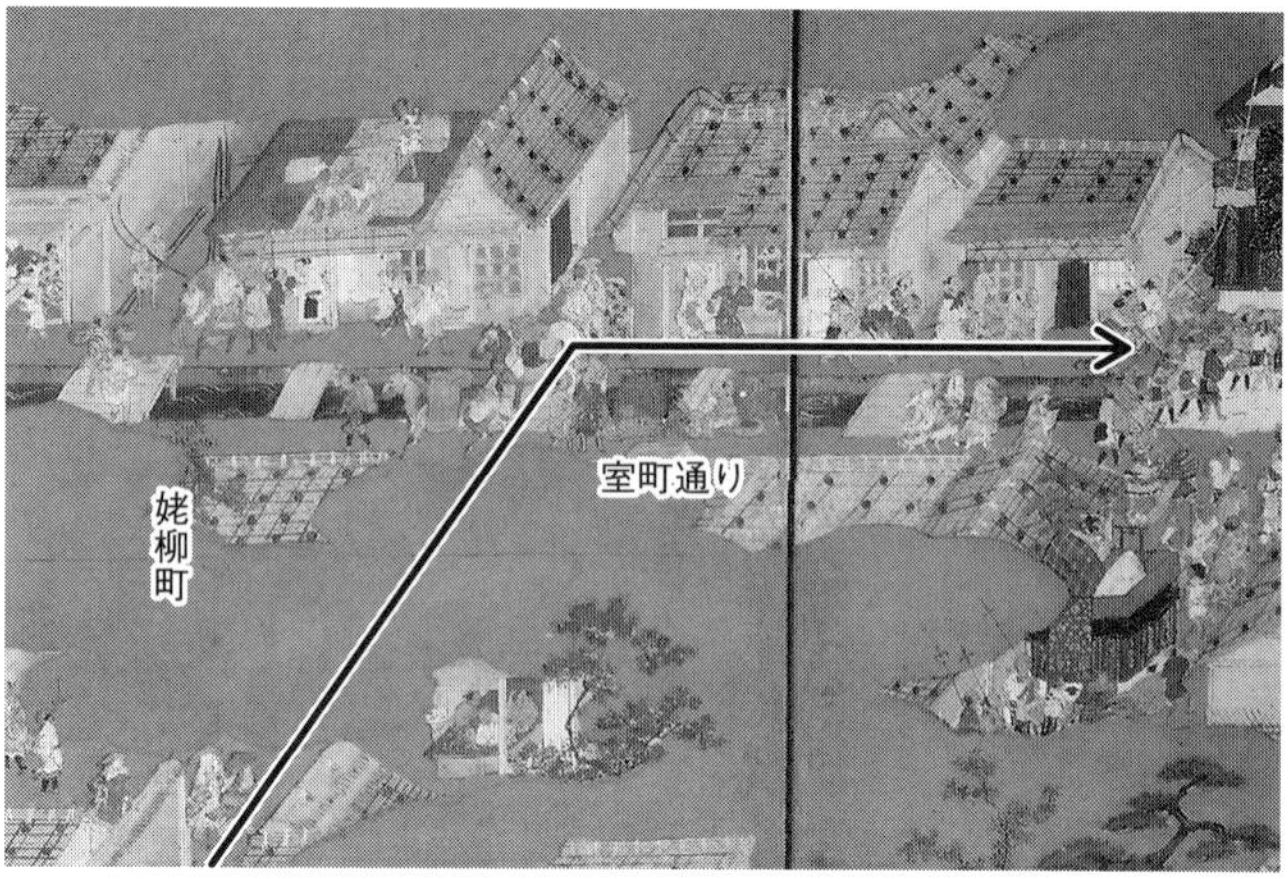

76　姥柳町・室町通り

姥柳町の南蛮寺

ところで、この本能寺の変をもっともまじかで目の当たりにした人々がいた。本能寺からわずか百数十メートルという距離をへだてただけの、いわゆる**南蛮寺**《なんばんじ》（「被《ひ》昇天《しょうてん》の聖母マリア」教会、『フロイス日本史』）にいたイエズス会宣教師やキリシタンたちである。

この時期、南蛮寺が「下京の四条坊門という地区の姥柳《うばやなぎ》」町にあったことは史料（『フロイス日本史』）でも確認できるが、さいわいにも同じ町名を伝えているところがあるので、そこへ向かうことにしよう。本能寺の南西の隅、四条坊門通りと西洞院通りの交差点を東へすすんでいくとその**姥柳町**にたどりつくことができる。

その途中の道は実際に歩いてみると、町中とは思えないほどに傾斜がみられる。それは西洞院通りに川が流れていたことのあかしといえよう（藤井　二〇〇三）。

姥柳町は、町《まち》通り（町小路、新町通り）と**室町通り**とのあいだ、四条坊門通りの両側にひろがる町である。ここにこうして立ってみると、宣教師が「わが聖堂は信長の所よりわずかに一街をへだてたのみ」（『イエズス会日本年報』）と伝えていることも実感できる。

したがって、「銃声が聞こえ、火があがった」（『イエズス会日本年報』）

77　本能寺跡（左）から姥柳町方面を望む

78　南蛮寺跡の石碑

ようすも手にとるようにみえたことであろう。また、これからわずか十数日後、山崎の戦いで敗れた明智勢の首が本能寺にさらされたため、その「臭気ははなはだしく、風がその方向から吹いたときは、聖堂の窓を開いておかれぬほどであった」（『イエズス会日本年報』）と伝えていることも、なるほどと思わせるものがある。

残念ながら、上杉本では、南蛮寺は描かれてはおらず、また、姥柳町も金雲のなかとなるが、下京のなかでも、ここらあたりまでやってくると、祇園会《ぎおんえ》（祇園祭）山鉾巡行をになう、いわゆる山町《やまちょう》・鉾町《ほこちょう》かいわいとなる。

実際、その距離感については、本能寺の変が、たまたま祭礼の式日《しきじつ》（六月七日）直前にあたる六月二日におこったため、その年（天正十年〈一五八二〉）の祇園会が延引に追いこまれたという事実からもうかがえよう（『言経卿記』九月十三日条）。

そこでつぎに、その山鉾をめざして、四条坊門通りと室町通りが交差するところから南へと室町通りをすすんでいくことにしよう。

祇園会（祇園祭）山鉾巡行

すると、目のまえに大きな鉾が**四条通り**（四条大路）を西から東へと巡行しているようすがみえてくることになる。そのすがたかたちから、

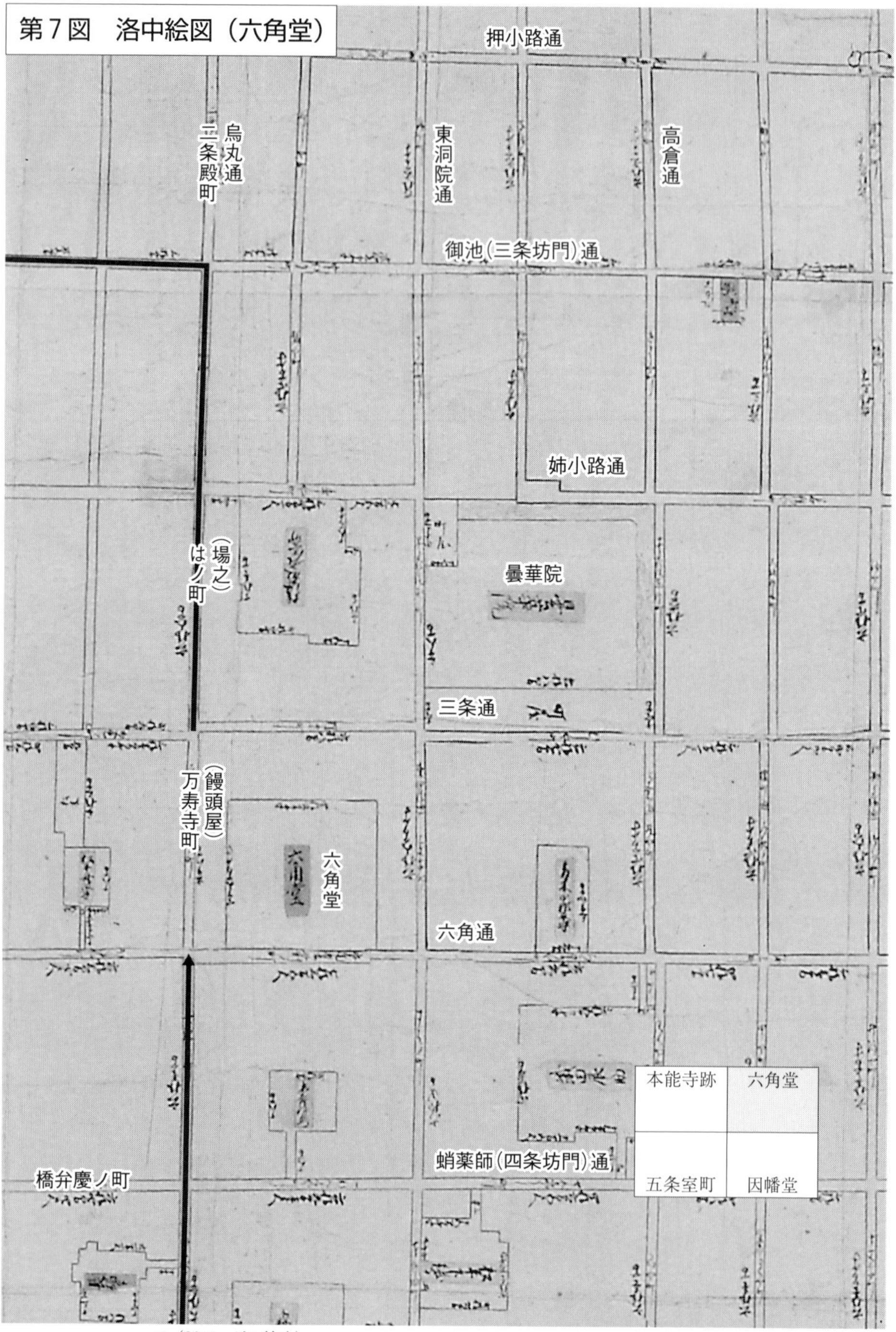

第７図　洛中絵図（六角堂）

▼（86ページへ続く）

第８図　洛中絵図（本能寺跡）

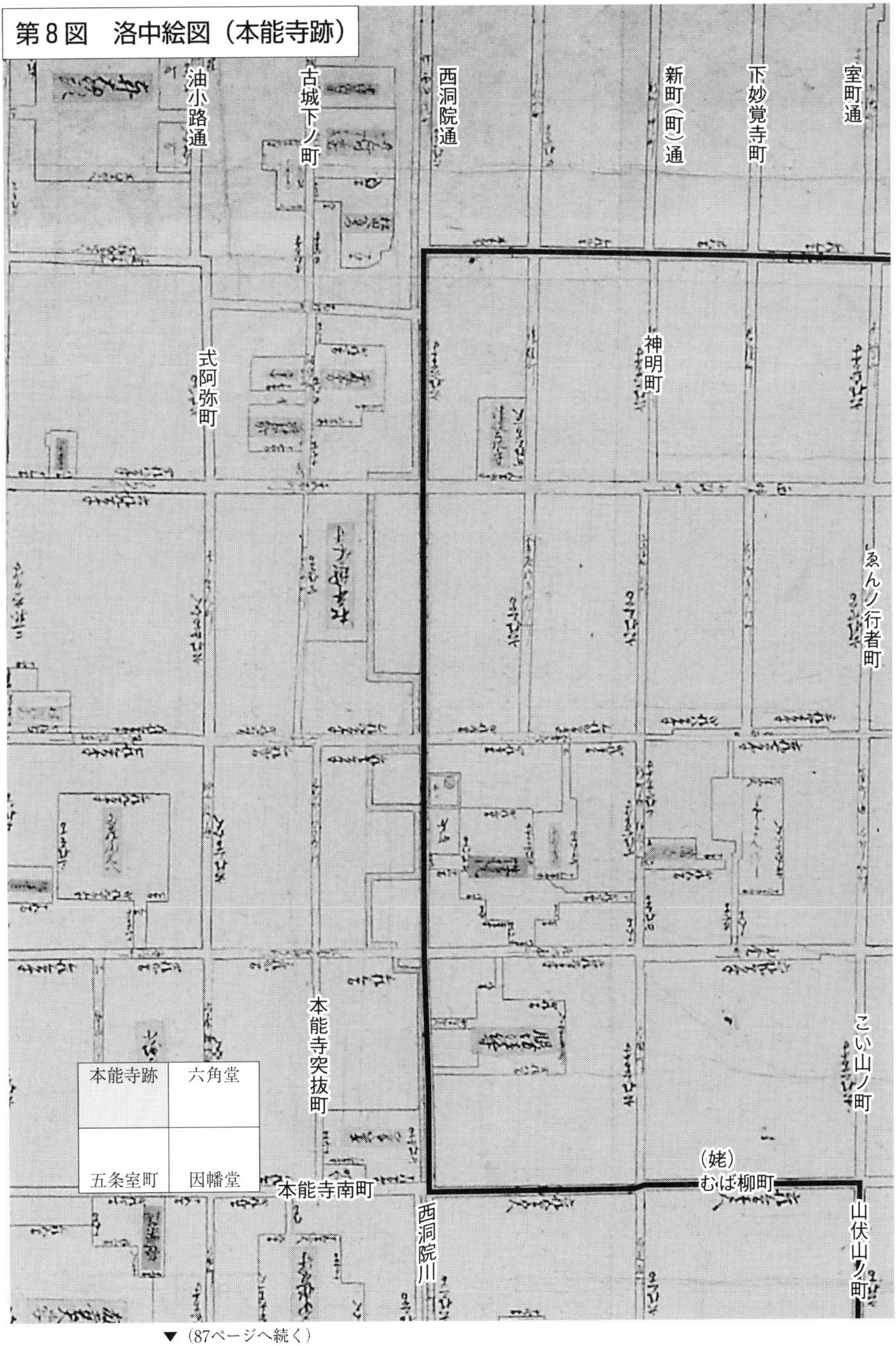

▼（87ページへ続く）

79 鶏　鉾

鶏鉾《にわとりほこ》と考えられている鉾である。

目のまえの鶏鉾は、現在と同じように、大勢の人々によって曳《ひ》かれ、室町通りに流れる「室町河」に架けられた橋を渡りおえたといったところである。鉾のうえでは、これまた現在と同じように、祇園囃子《ばやし》がにぎやかに奏でられ、それにひきつけられて集まる人々のすがたもみえる。

上杉本をはじめとして戦国時代に描かれた洛中洛外図屏風は、とくに初期洛中洛外図屏風とよばれているが、そのすべてに山鉾巡行のすがたをみることができる。おそらくそれは、下京を描くには、祇園会は欠かすことのできない重要な画題であると絵師たちが認識していたためであろう。

また、これも初期洛中洛外図屏風に共通していることだが、描かれた山鉾は六月七日（現在の七月十七日）に巡行する「七日山鉾《なのかやまほこ》」（「七日鉾山」、いわゆる前祭《さきのまつり》）（『二水記《にすいき》』大永《だいえい》二年六月二十七日条ほか）ばかりであり、七日後の十四日に巡行する「十四日山々《じゅうよっかやまやま》」（いわゆる後祭《あとのまつり》）（『二水記』大永二年六月二十七日条）はいっさい描かれないという特徴もみられる。

これは、のちにもふれるように、初期洛中洛外図屏風では、祇園会を構成するふたつの祭事（神輿渡御《みこしとぎょ》と山鉾巡行）のうち、描かれた神輿渡御のすがたが、祇園社（八坂神社）から洛中の御旅所《おたびしょ》へ渡御《とぎょ》する六月七日の神幸《しんこう》（神輿迎え）のみであるということと無関係ではないであろう（河

80　長　刀　鉾

81　船　　鉾

内　二〇一二a・b)。さすがに別の日の祭事を同じ画面に描くことには、絵師たちにもためらいがあったと思われるからである。

ところで、戦国時代に巡行した「七日山鉾」の数は二六基であったが(『祇《ぎ》園《おん》会《え》山鉾事《やまほこのこと》』)、そのすべてを描いた初期洛中洛外図屏風は今のところ発見されていない。実際、初期洛中洛外図屏風のなかでも、もっとも多く山や鉾を描くとされている上杉本でさえ、そこにみられるのは、わずか八基にすぎないからである(亀井　二〇〇三)。

おそらくそれは、絵画としての構図といった問題もあったのだろう。もし仮に二六基すべてを描けば、数珠つなぎ状態の山や鉾を画面上にあらわさざるをえなくなったと考えられるからである。

その意味では、初期洛中洛外図屏風から戦国時代の山鉾巡行のすがたを復元していくことには慎重にならなければならないわけだが、ただ、そのようななかでも上杉本は、できるかぎり当時のようすを描こうとしているように思われる。

たとえば、描かれた「七日山鉾」の先頭と最後尾には、順番が固定されている、いわゆる「くじ取らず」の**長刀鉾**《なぎなたほこ》と**船鉾**《ふねほこ》のすがたがみられるし、また、巡行のルートも四条通りを西から東へとすすみ、そして、当時はほとんど河原のようになっていたであろう京極大路(寺町《てらまち》通り)を南下するすがたで描かれているからである(河内　二〇一二a・b)。

82　三　わ　う

83　山王町（北から）

現在のように山鉾が四条通りから河原町通りを北上するようになるのは、昭和三十六年（一九六一）以降、そして、「七日山鉾」と「十四日山々」が七月十七日の一日だけで巡行するようになるのも昭和四十一年（一九六六）以降となるから、現在の山鉾巡行が、上杉本に描かれた山鉾巡行ともかなり異なるすがたであるという点については注意が必要となろう（なお、平成二十六年（二〇一四）よりふたたび二日に分かれて山鉾巡行がおこなわれる）。

「三わう」（山王）

せっかくの山鉾巡行ではあるが、それらの見物についてはあとでもう一度おこなうこととして、わたしたちのあゆみのほうは、山鉾に集まっていく人々の流れに逆らいつつ、室町通りをさらに南へとすすめていくことにしよう。

すると左手のほうに「**三わう**」（山王《さんのう》）と書かれた小さな神社（小社）がみえてくることになる。この一帯は、現在も山王町とよばれ、また、上杉本とほぼ同じ場所に**日吉《ひよし/ひえ》神社**も残されている。

山王とは、近江坂本に鎮座する日吉社（日吉大社）の神を意味するが、なぜここにその山王がまつられているのかという点についてはさだかではない。ただ、上杉本をみてみると、この「三わう」や上京の「ふくな

84　日吉神社

85　高松神明神社

か」（福長《ふくなが》、福長神社）のように、洛中のあちらこちらに小さな神社がまつられているようすがみてとれる。なかには、「**しんめい**」（神明）（姉小《あねがこう》路《じ》神明、高松神明神社）のように、「姉小路町西洞院のあいだ、伊勢外宮《げぐう》御座、今日遷宮」（『看聞日記《かんもんにっき》』永享《えいきょう》十年十一月十六日条）と、勧請《かんじょう》された月日までわかる神社も知られている（瀬田　二〇〇九）。

残念ながら、この「しんめい」（神明）のように同時代の史料が残されている例は多いとはいえないが、それでも、ここからは洛中に住まう人々が、祇園会や御霊祭のような大きな祭礼をささえつつも、そのいっぽうでみじかなところにも神や仏をまつる、多様な信仰のなかで生きていたことが知られよう（村上　二〇〇三）。

風流踊

さて、上杉本では、室町通りをもう少し南にすすんでいくと、遠くのほうに木戸門（釘貫）のすがたがみえてくることになる。室町通りと**五条通り**（五条大路、松原《まつばら》通り）が交差したところ、下京の惣構の南の端にたてられたものである。

この木戸門の両脇の土塀には、矢を放つ狭間《はざま》もみられ、かなり堅固につくられていたようすがうかがえるが、その木戸門のまえでは、なにやら人々が輪になって踊っているすがたもみてとれる。

86 風流踊

そこで、その踊りの輪にもう少し近づいてみてみると、揃いの衣装を着た人々が花や鳥といったかざりもののついた笠をかぶり、手にはびん簓《ささら》やすり簓をもち、またその輪のなかには鼓を打つ人々もいることがみえてくる。これは、七月中旬、盂蘭盆《うらぼん》の時期におこなわれた**風流踊**《ふりゅうおどり》を意味しているのだろう（河内　二〇〇〇）。

風流踊は、京都では戦国時代からとくにさかんとなるが、一見すると女性にもみえる踊り手たちは、すべて若い男たちばかりで、女性の着物を身にまとい、仮装して、飛び跳ねるようにして踊ったという。

また、風流踊は現在の盆踊の原型ともいわれているが、そのようすはかなり異なっており、戦国時代では日中でもおこなわれた。しかも、上杉本が描かれてから少したった、元亀《げんき》二年（一五七一）七月におこなわれた風流踊は、上京・下京あげてのもよおしで、総勢一六〇〇余人におよぶ町人たちが室町通りを中心に踊ったことでも知られている（『言継卿《ときつぐきょう》記《き》』七月二十五日条ほか）。戦国時代の風流踊が、祇園会や御霊祭に負けぬともおとらないほどはなやかな行事であったことが読みとれよう。

ちなみに、歴博甲本では、風流踊のすがたは、上京の一条通り（一条大路）と町通りが交差する辻にみることができる。民俗学では、辻（交差点）はこの世とあの世の境界として、盆行事とも深いかかわりがあるとされている。おそらく上杉本において、風流踊がわざわざ下京の惣構

88　かつて下京惣構の木戸門があった五条室町
（南から）

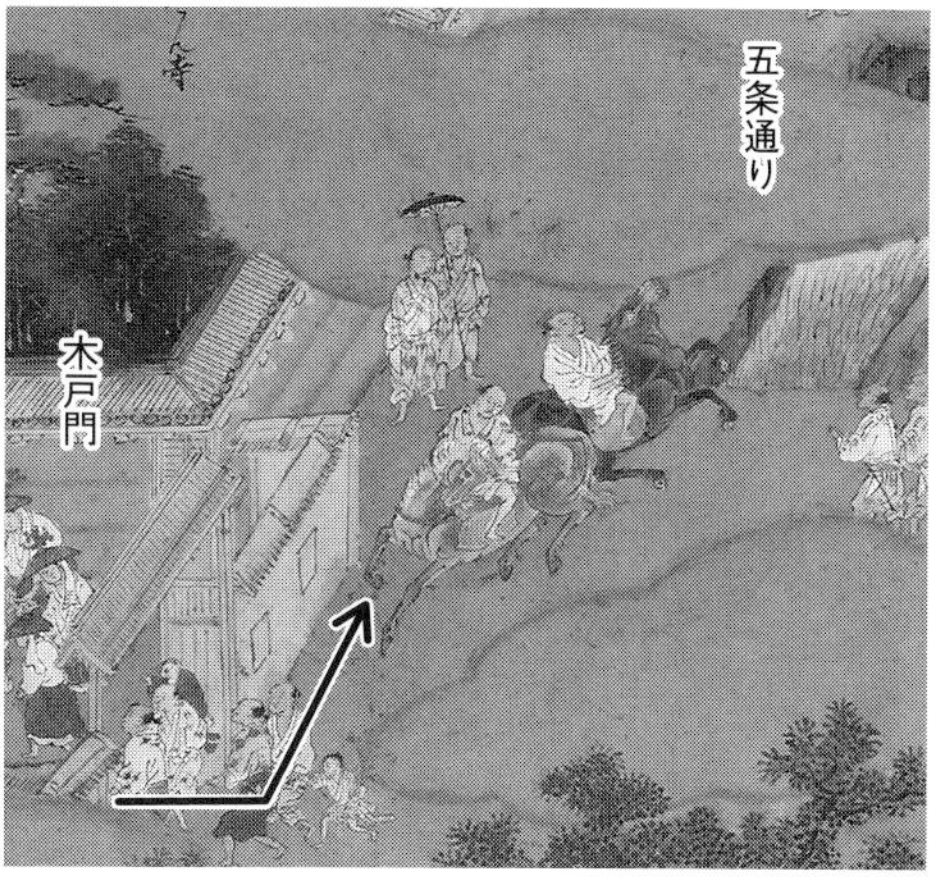

87　馬　　市

の木戸門のまえに描かれているのもまた、このあたりが一種の境界と認識されていたためであろう。

それを裏づけるように、江戸時代においても、五条通り（松原通り）は、祇園社（八坂神社）と稲荷社（稲荷大社）の「氏子《うじこ》」圏の境界として知られている（『京都《きょうと》御役所向大概覚書《おやくしょむきたいがいおぼえがき》』）。また、上杉本でも、この五条室町の木戸門を境に市街地はおわり、その外には農地がひろがるようすも目に入ってくることになるからである。

五条馬市

もっとも、ここでは、そのような農地だけではなく、人を乗せた馬が二頭跳ねている場面やそれらをながめる人々にも遭遇することになる。一見すると乗馬を楽しんでいるようにもみえなくはないが、これは五条室町で開かれたことで知られる**馬市**を描いたものであろう（瀬田　二〇〇九）。

「**五条室町**馬の市」（『千秋万歳歌《せんずまんざいうた》』）、あるいは、「五条馬市」「洛中五条馬市」（『森元《もりもと》氏《し》旧蔵文書《きゅうぞうもんじょ》』）ともよばれた、この馬市については、おそくとも戦国時代の天文十三年（一五四四）には、「五条において」「興行《こうぎょう》」されたことが確認できる。

また、信長の時代である天正五年（一五七七）の史料（『森元氏旧蔵文

89　玉津島・ひんてん寺

書』）も残されているので（長塚　一九九五、鍛代　一九九九、河内　二〇一四予定）、あるいは、信長もこの馬市を目にしたのかもしれない。

その信長の家臣村井貞勝《むらいさだかつ》が天正五年に出した定書《さだめがき》（『森元氏旧蔵文書』）には、「馬の乗りちがえこれあるといえども、穏便にその断りを申すべきこと」という一文がみえる。

ここからは、この馬市で取引されていた馬が、先に場町でみたような荷物を運ぶ馬ではなく、むしろ「乗りちがえ」されるような乗馬を目的としたものであったことがうかがえよう。そのような目でみてみると、上杉本に描かれる馬二頭も、乗り手がその乗り心地をためしているようにもみえてくる。

「玉津島」「ひんてん寺」（悲田寺）「いなはだう」（因幡堂、平等寺）

馬市の光景を横目にながめながら、それではつぎに五条通りを東のほうへとすすんでいくことにしよう。すると、目のまえに、またまた「玉《たま》津島《つしま》」と書かれた小さな神社がみえてくることになる。

この時期、このあたりは、下京の惣構の外となっているので、野中の小社といった風情である。しかしながら、室町時代の公家吉田家によって書きつがれた『吉田家日次記《よしだけひなみき》』応永《おうえい》十年（一四〇三）十一月十八日条によれば、「この社」は、南北朝時代の「貞治《じょうじ》年中」（一三六二～六七）

90　いなばたう

に「宝篋院殿《ほうきょういんどの》」こと、将軍足利義詮《あしかがよしあきら》が「五条烏丸に勧請」したものであり、それが、「永徳《えいとく》のころ」（一三八一～八三）に「一条富小路《とみのこうじ》」に移され、その後、「仁和寺《にんなじ》の勝地《しょうち》」へと移されたことがわかる。それが、どのような経緯でもって、もとの五条烏丸の地へともどってきたのかという点についてはさだかではない。

ただ、禅僧季弘大叔《きこうだいしゅく》の日記『蔗軒日録《しやけんにちろく》』文明十八年（一四八六）四月十日条に、和歌の神として知られる「衣通姫《そとおりひめ》の霊」である「玉津嶋明《みょう》神《じん》」が、鎌倉時代前期の歌人「五条俊成《としなり》三位」（藤原俊成）の「旧地」（旧宅）に「廟《びょう》」（神社）としてまつられたと記されていることからすれば、戦国時代の早い段階でもとの地にもどっていたと考えられよう。そして、それが現在も同じ場所に**新《にい》玉津島神社**としてまつられているところなどは、先の「三わう」や「しんめい」と同様といえるのかもしれない。

ところで、今わたしたちが歩いている五条通りの左手にみえる築地塀は「**ひんてん寺**」（悲田寺《ひでんじ》）のものである。また、もう少しすすんで五条通りと**烏丸通り**の交差点までたどりつくと、その東北方向にも瓦葺きの建物がみえてくる。「**いなはだう**」（因幡堂、平等寺《びょうどうじ》）である。

悲田寺・**因幡堂**ともに、上杉本や歴博甲本では、下京の惣構の南端に位置する寺院として描かれているが、このことは、大永《だいえい》七年（一五二七）十二月に細川高国《ほそかわたかくに》方の軍勢として、「右馬頭《うまのかみ》」（細川尹賢《ただかた》）が「悲田寺

91　新玉津嶋神社鳥居

92　新玉津嶋神社社殿

に陣し」、また、「畠山」（畠山稙長《はたけやまたねなが》）が「因幡堂に陣」（『実隆公記《さねたかこうき》』十二月二十三日条）したことからも確認できる。

もっとも、このうち悲田寺については、その実態が今ひとつわからないことでもよく知られている（新村　一九八五、『洛中洛外図大観』一九八七、網野　一九九四）。おそらくそのようなことも関係があるのだろう、筆まめで知られる公家の山科言継でさえ、その日記『言継卿記』天文十九年（一五五〇）六月十一日条には、「因幡堂薬師へ参る、ついで悲田寺はじめて見物」と記している。

どうやら、悲田寺は、公家たちにはなじみの薄い寺院であったことも手伝って、なかなかその実態がつかみきれないようである。ただ、永正十六年（一五一九）におこった「大飢饉」のさいには、「悲田寺において施行《せぎょう》」がおこなわれ、「助かるものあり」（『暦仁以来年代記《りゃくにんいらいねんだいき》』）とみえ、また、「悲田院あたり、餓死者数多」（『宣胤卿記《のぶたねきょうき》』永正元年閏三月八日条）といった記事がみえることなどからすれば、古代以来の慈善救済施設としての系譜もひいていたと考えられよう。

いっぽう、因幡堂のほうは、上杉本では、盂蘭盆会の盆燈籠の風景（山路　二〇〇九）として描かれている。しかしながら、戦国時代の公家たちの日記からは、「七人詣」（「七人まいり」）（田中　二〇〇九）とよばれた独特な参詣先としてその名を目にすることができる。

93　因幡薬師石柱

94　因幡堂平等寺

この「七人詣」というのは、戦国時代の文明十五年（一四八三）に、ときの後土御門天皇《ごつちみかどてんのう》が「御重厄《おんじゆうやく》」（重大な厄年）「四十二才」であったため、その「御代官」として「近臣」が正月より「毎月七人」因幡堂へ参詣したことを皮切りにはじめられたものと考えられる（『実隆公記《さねたかこうき》』『親長《ちかなが》卿記《きようき》』正月二十三日条ほか）。

その後は、「御重厄」以外でも、さまざまな機会をとらえておこなわれたようだが、そもそも、この「七人詣」の参詣先がなぜ因幡堂だったのかという点についてはさだかではない。ただ、「七人詣」が、戦国時代以降に成立した新たな行事といえるようなものであり、そのなかで因幡堂が重要視されていたことはまちがいないといえよう。

「おうまん所」（大政所）

さて、上杉本では、「いなはだう」の北側に「**おうまん所**」（大政所《おおまんどころ》）と書かれた神社のような施設がみえる。これは、祇園会（祇園祭）のさい、祇園社（八坂神社）から神輿が渡御してくる**大政所御旅所《おたびしょ》**をあらわしている。

祇園会の御旅所は、秀吉の時代になって現在の四条寺町（四条京極）の地に統合されるが、それまでは二ヵ所に分かれていた。ひとつが、少将井《しようしようい》御旅所、そしていまひとつが、この大政所御旅所である。

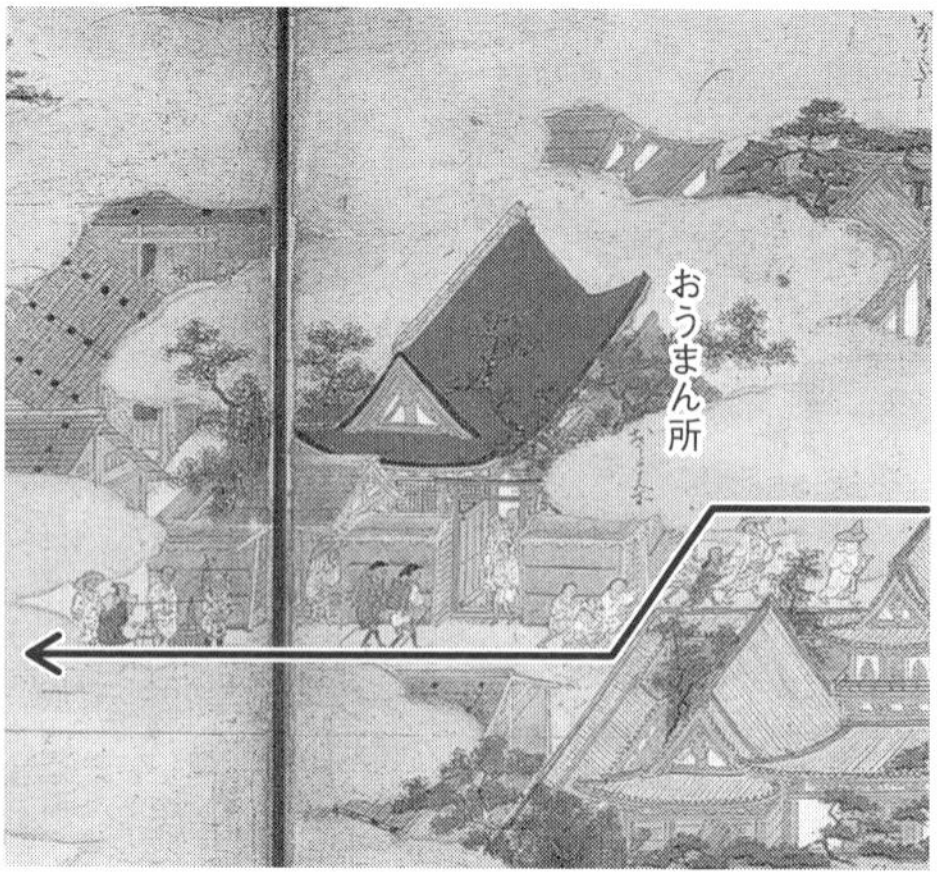

95　おうまん所

96　大政所御旅所社

祇園会神輿《みこし》渡御《とぎょ》は、六月七日、「七日山鉾」（前祭）が巡行したのち、夕刻からおこなわれたが、そのさい、三基ある神輿のうち、少将井とよばれた神輿一基が少将井御旅所へ、そして残る大宮《おおみや》と八王子《はちおうじ》とよばれた神輿二基がこの大政所御旅所へ渡御した。

なぜこのように三基の神輿が二ヵ所の御旅所に分かれて渡御するようになったのかという点については、さだかではない。ただ、大政所御旅所のあった場所には、かつて「狐塚《きつねづか》」というものがあり、それと祇園社（八坂神社）の「神殿」とが「蜘蛛《くも》の糸」でつながったことをきっかけに、平安時代後期の天延《てんえん》二年（九七四）から「神幸」がはじめられたと伝えられている点からすれば（『祇園社記《ぎおんしゃき》』）、この大政所御旅所が「祭礼の濫觴《らんしょう》」の地として認識されていたことはまちがいないといえよう。

実際、現在でもなお、神幸のさいには、すでに御旅所がないにもかかわらず、神輿の行列は、わずかに残された小さな社のまえに立ち止まり、神事をおこなうのを常としているからである。

ちなみに、上杉本に描かれた大政所御旅所には、まだ神輿は渡御していないようであるが、しかしながら、神輿がやってくると、ふだんとはまた違った雰囲気となり、多くの参詣者を集めることになったのであろう。

いっぽう、「**せうしやう院**」（少将院、少将井御旅所）のほうは、下京の

97　せうしやう院

98　函谷鉾・白楽天山

惣構の外に所在したこともあって、上杉本では、土塀なども失われた小さな神社が野中にたたずむといった風情で描かれている。

先ほどものべたように、かつて大政所御旅所があったところには、今でも小さな神社が残されているが、少将井御旅所があったところには、何も残されていない。しかし、おのおの場所には、大政所町・少将井町という町名が残されているので、現在でもその場所をたどることは可能といえよう。

「六かくだう」（六角堂、頂法寺）

烏丸通りもここまで北上してくると、ふたたび祇園会山鉾巡行のすがたがみえてくることになる。そして、視線を少し遠くに向けてみると、大きな鉾が四条烏丸を通りすぎ、つづいて山が四条烏丸にたどりつこうとしているようすものぞむことができる。そのすがたかたちから、前者は**函谷鉾**《かんこほこ》、また、後者は**白楽天山**《はくらくてんやま》と考えられている。

その光景は、今も昔もかわらぬようにもみえるが、函谷鉾には、今ではみられない虎の毛皮の見送りがみられ、また、白楽天山にも枝ぶりのよい松がかざられている。そして、そのまわりには、槍をもった人々や甲冑《かっちゅう》を帯びた人々のすがたもみられ、やはり戦国時代ならではのすがたであったといえよう。

99　六かくだう・鐘楼

その函谷鉾と白楽天山のあいだを通りぬけ、もう少し先へすすんでいくと、右手前方に最初のほうで遠目にみた瓦葺きの建物がみえてくることになる。「**六かくだう**」（六角堂、頂法寺）である。

上杉本では、烏丸通りと東洞院《ひがしのとういん》通り（東洞院大路）の両方、東西に向けてその門が開かれているが、現在は、六角通り（六角小路）にだけ門が開かれている。

また、本堂のかたちが現在のように六角形でないこともみてとれるが、ここで注目されるのは、やはり烏丸通り近くにみえる**鐘楼**の存在であろう。というのも、上京の「かうだう」（革堂《こうどう》、行願寺《ぎょうがんじ》）のときにもふれたように、この「下京六角堂」の鐘は、「上京革堂鐘」とともに、戦国時代には、「町人」によって「集会《しゅえ》の鐘」として打ち鳴らされたことが知られているからである（『二水記』天文元年九月二十六日条）。

おそらく**六角堂**も、革堂と同様、下京の町人たちが「集会」する場所としてつかわれたのではないかと考えられるが、残念ながら、そのことを示す直接的な史料は残されていない。ただ、少し時代はさがるものの、京都町奉行所役人の手引き書である『京都御役所向大概覚書』には、「六角堂前つき鐘」の「鐘つきそうろうものの給銀」が「下京町中より」出されていたと記されており、六角堂の鐘が下京の町人たちによって公共物のようにあつかわれていたことが知られよう。

100　六角堂頂法寺

101　六角堂頂法寺鐘楼

また、六角堂が、町人をふくめた庶民の信仰をあつめていたことについては、すでに室町時代の文安《ぶんあん》四年（一四四七）六月、「永享《えいきょう》」年間（一四二九〜四一）に炎上した「御堂」の再建が、「夢想《むそう》の告げを感じ」た「地下人《じげにん》商売の徳人《とくにん》」なる富裕な商人の「千弐百貫《せんにひゃっかん》」におよぶ「奉加《ほうが》」（寄付）によって実現したという事実からもうかがえる（『康富記《やすとみき》』六月十八日条）。

六角堂も、革堂も、ともに延暦寺横川《よかわ》の末寺ではあったが（下坂　二〇〇一）、江戸時代以降、六角堂が祇園会山鉾巡行の鬮取《くじとり》（くじ取り）の場になっていくこともふまえれば（河内　二〇一二）、六角堂のほうが、より町人に近しい存在へとその道をあゆんでいたといえるのかもしれない（高橋（康）二〇〇一a）。

ところで、六角堂の烏丸通り側といえば、そう、ここは最初に三条烏丸からながめた饅頭屋町となる。ちょうど下京のなかを一周してきたことになるわけだが、上杉本が描かれたころには、町名の由来でもある饅頭屋も健在だったので、その「日本饅頭濫觴の家」で饅頭を買いもとめるのもよいであろう。あるいは、きた道を少しもどって、山鉾巡行を見物するのもよいかもしれない。わたしたちの下京をめぐるあゆみもここらあたりでひとまずおわりにすることにしよう。

▼（70ページより続く）

第9図　洛中絵図（因幡堂）

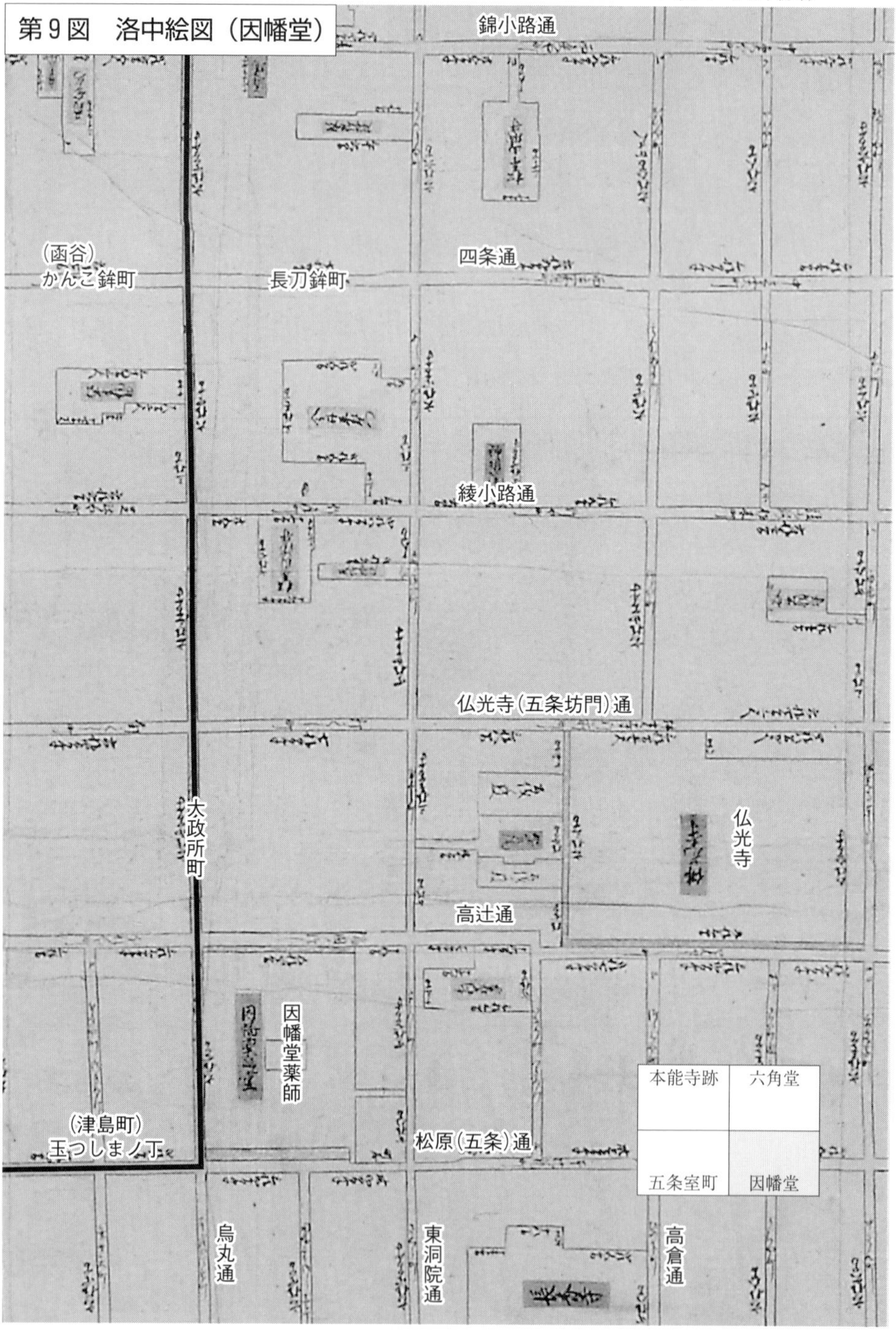

▼（71ページより続く）

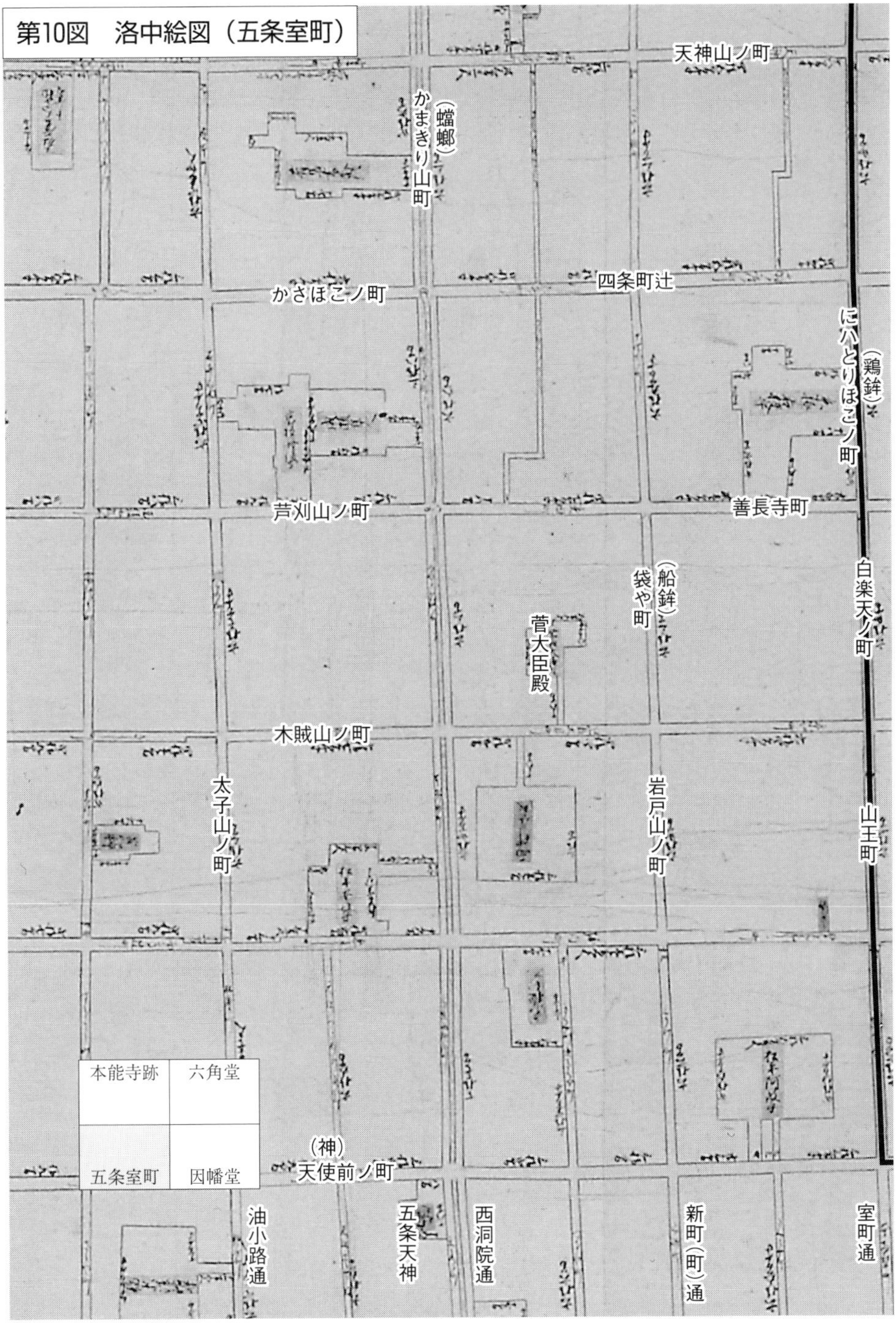

第10図　洛中絵図（五条室町）

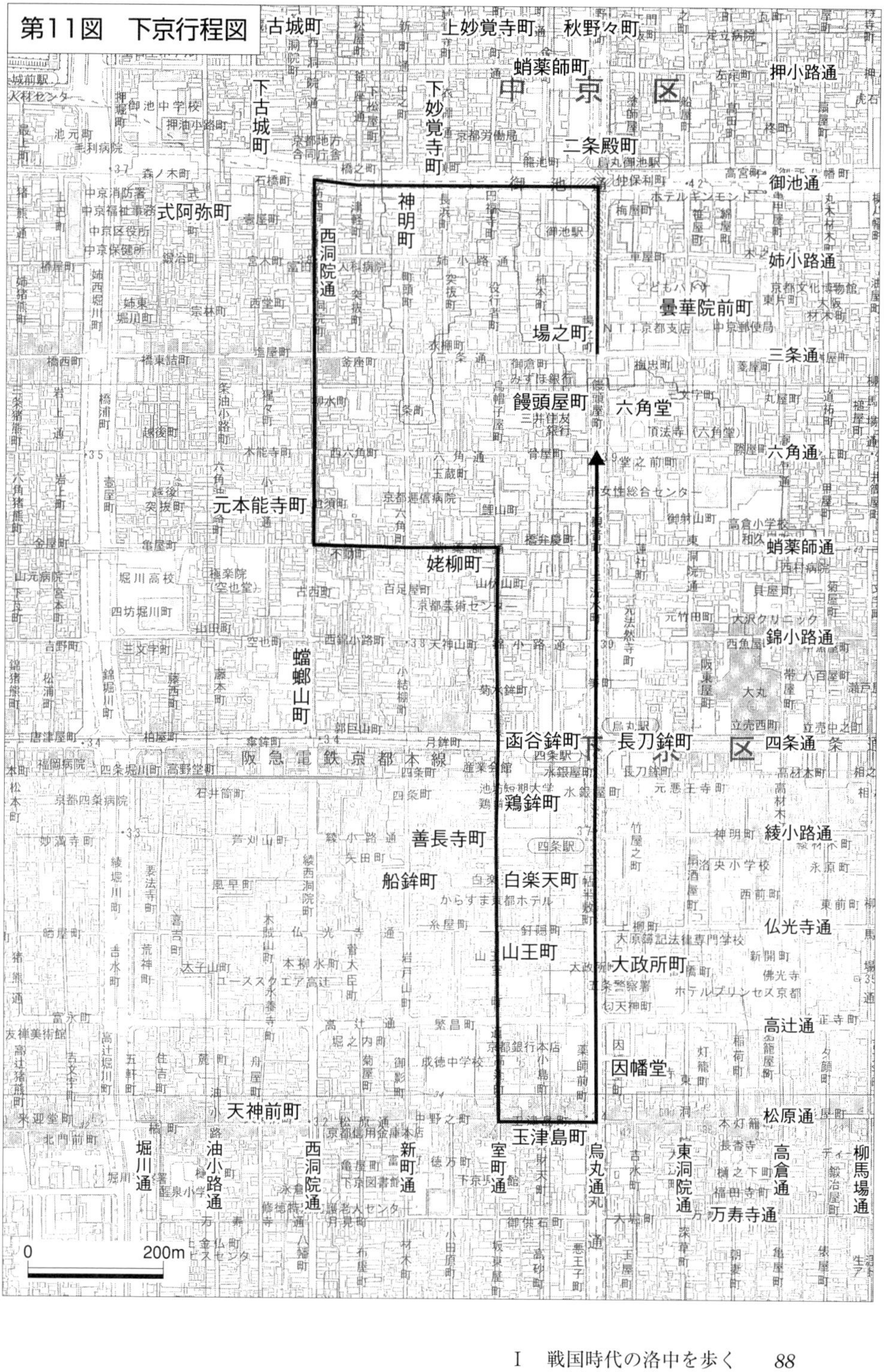
古城町
上妙覚寺町
秋野々町
蛸薬師町
中京区
押小路通
下古城町
下妙覚寺町
二条殿町
御池通
式阿弥町
西洞院通
神明町
姉小路通
曇華院前町
場之町
三条通
饅頭屋町
六角堂
六角通
元本能寺町
蛸薬師通
姥柳町
錦小路通
蟷螂山町
函谷鉾町
長刀鉾町
下京区
四条通
鶏鉾町
綾小路通
善長寺町
船鉾町
白楽天町
仏光寺通
山王町
大政所町
高辻通
因幡堂
天神前町
松原通
玉津島町
堀川通
油小路通
西洞院通
新町通
室町通
烏丸通
東洞院通
万寿寺通
高倉通
柳馬場通
0
200m
第11図　下京行程図

II

戦国時代の洛外を歩く

102 清 水 寺

応仁・文明の乱による戦禍は，じつは洛中よりも洛外のほうがはげしかった．清水寺も同様であったが，その再建を担ったのが勧進聖たちである．かれらはまた，五条橋や四条橋などの維持にも力を発揮した．勧進という民間の力が復興にはたした役割は大きかった．

103　鴨　川

一　鴨川を渡る

鴨川を渡る

現在の京都でもそうだが、東のほう、東国方面から洛中へ入ろうとすると、かならず鴨川《かもがわ》を渡らなければならない。それは、戦国時代でも同様であり、したがって、東国出身である信長・秀吉・家康らもまた、鴨川を渡って洛中へと入ってきた。

上杉本でもそのことが意識されたらしく、洛東《らくとう》の景観を描く右隻（下京隻）には、画面の左側から右側にかけて黒い帯のように鴨川のすがたが描かれている。

その鴨川をながめて、まず気づくのは、思いのほかそこに架けられている橋の数が少ないという点であろう。目でみたり、墨書で確認できるものだけでも、「五条のはし」（五条橋）と「四条のはし」（四条橋）のふたつしかみつけることができないからである。

104　五条のはし・大こくだう

戦国時代に実際に架かっていた橋の数がどれだけであったのかという点については、はっきりとしたことはわからない。また、橋の架かっていないところは、どのようにして渡ったのかということもさだかではないが、まずはわたしたちも東のほうから順番に橋を渡っていくことで戦国時代のようすを体感してみることにしよう。

なお、洛外では、本章をふくめて、洛中のように一本の線でつないでいけるような歩きかたをすることはむずかしい。よって、ピンポイントのかたちで歩いていくことをあらかじめご了解いただきたいと思う。

「五条のはし」（五条橋）

それでは、出発点は五条橋の東岸にしよう。目のまえには、戦国時代の**「五条のはし」**（五条橋）がみえる。たくさんの人々が渡っているわりには、自然の木でつくられた、擬宝珠《ぎぼし》などの装飾もない、思いのほか簡素な橋であることがわかる。

また、目のまえの橋を渡ると**中島**がみえ、さらにそのむこうにも、もう一本同じような橋が架かっていることもみてとれる。このようすは、上杉本よりまえに制作されたと考えられている歴博甲本でも同じであり、したがって、ここからは、戦国時代の五条橋が二本の橋で成りたっていたことがあきらかとなろう（川嶋　一九九二、瀬田　二〇〇九）。

105　現在の五条大橋に建てられた弁慶と牛若像

もっとも、このように、五条橋が二本の橋で成りたつようになったのがいつのことからかという点についてはさだかではない。ただ、室町時代に書かれた日記（『吉田家日次記《よしだけひなみき》』永徳《えいとく》三年七月十四日条）には、すでに「五条は東西橋」とみえるので、少なくとも室町時代にまでさかのぼることは確実といえよう（下坂　二〇〇三）。

ちなみに、中世の五条橋といえば、**弁慶《べんけい》と牛若《うしわか》**（源　義経《みなもとのよしつね》）の出会いの場というイメージが強い。そのため、牛若が擬宝珠もそなえられたりっぱな橋のうえで飛びはねるようすを思いうかべる人も少なくないのではないだろうか。

ところが、上杉本と同じように、戦国時代に描かれた『清水寺参詣曼《きよみずでらさんけいまん》荼羅《だら》』（個人蔵）（下坂　二〇〇三）という絵画史料では、二本に分かれた五条橋の西側で長刀を振りおろす弁慶と擬宝珠のうえに立つ牛若のすがたがみてとれる。ここからは、少なくとも戦国時代においては、弁慶と牛若が出会ったのが、二本に分かれていた五条橋の西の橋であったとされていたことが知られよう。

法城寺と「大こくだう」（大黒堂）

さて、東側の橋を渡りきると中島にたどりつくが、ここにはいくつかの建物が建っていたことがわかる。中島が中洲のようなものではないこ

106　法城寺・大こくだう

とは、ここからもあきらかといえるが、手前の建物は瓦葺き屋根でかなりしっかりとしたものであることがみてとれる。いっぽう、その向こう側にも板葺き屋根の建物がみえ、そして、それらの建物のあいだには、**「大こくだう」**（大黒堂）と書かれた墨書も見いだすことができる。

もっとも、これだけでは、この墨書がどちらの建物を指しているのかという点についてはわからない。ただ、当時の文献史料によれば、中島には、**「法城寺《ほうじようじ》」**とよばれた寺院のあったことが知られている（川嶋　一九九二、瀬田　二〇〇九、下坂　二〇〇三）。

たとえば、天正《てんしよう》三年（一五七五）に薩摩国《さつまのくに》（鹿児島県）から上洛した島津家久《しまづいえひさ》の旅日記『中務《なかつかさ》大輔《たいふ》家久《いえひさ》公《こう》御《ご》上京《じようきよう》日記《にっき》』（『中書《ちゆうしよ》家久公御上京日記』）（村井　二〇〇六）にも、「五条の橋を渡る、中島あり、法城寺といえり」（四月二十八日条）とみえるようにである。ちなみに、法城寺の名の由来は、「水去りて土と成るという心」であったことが同じ史料からは読みとれるが、もっとも、これだけではその意味するところはよくわからない。

そこで、時代は少しさがるものの、江戸時代前期に成立した地誌『雍州府志《ようしゆうふし》』に記される法城寺の説明をみてみることにしよう。すると、そこには、次のような伝承のあったことがわかる。

すなわち、法城寺とは、平安時代中期の陰陽師《おんみようじ》として知られる「安《あ》

107　清水寺参詣曼荼羅

倍晴明《べのせいめい》」が「河水氾溢《かすいはんいつ》を祈」ったところ、「水、たちどころに流れ去」ったことをきっかけに「寺を河辺に建て、法城寺と号し、地鎮と」したものであり、そして、その名も「地鎮」にちなんで「水去りて土と成るの義」である、と。

『雍州府志』が伝えるように、法城寺の創建がほんとうに「安倍晴明」の時代にまでさかのぼれるのかという点についてはさだかではない。ただ、南北朝時代に成立した『太平記《たいへいき》』にも「法城寺」の名がみえることなどからすれば、少なくとも南北朝時代には存在したと考えられる。おそらく、上杉本にみえる瓦葺き屋根の建物のほうが、その法城寺を意味するのだろう。

したがって、残された板葺き屋根の建物が「大こくだう」(大黒堂)となるわけだが、それでは、なぜその建物はそのようによばれたのであろうか。その答えは、上杉本ではなく、『清水寺参詣曼荼羅』(清水寺所蔵)に描かれた同じ建物をみてみるとよくわかる。

というのも、そこには、その名のとおり、打ち出の小槌《こづち》と福袋をかついだ**大黒天像**のすがたがみてとれるからである(下坂　二〇〇三)。注目されるのは、その大黒天像の横に柄杓《ひしゃく》をもった僧侶のすがたがみえる点で、中世で柄杓をもつ僧侶といえば、勧進聖《かんじんひじり》を意味するから(阿諏訪　二〇〇四、下坂　二〇〇九c)、「大こくだう」もまた、五条橋にかかわる勧

108　大黒天像

109　清水寺成就院

進施設であったことがあきらかとなろう。

勧進とは、寺社や仏像の建立、修理などのために広く人々に米銭の寄付を募ることを意味し、勧進聖とは、そのような勧進をおこなう僧侶を意味する。そして、このことを念頭において史料をみてみると、応仁・文明の乱（応仁の乱）直前の寛正《かんしょう》二年（一四六一）に「願阿」（願阿弥《がんあみ》）という僧侶が「五条坊の長橋」を「信士の施しをもとめて、大いにこれを建」てたという記事（『碧山日録《へきざんにちろく》』二月十七日条）に気づくことになる。

また、『雍州府志』にも、五条橋は「清水寺本願成就院《ほんがんじょうじゅいん》」が「勧進聖として、諸人に請《こ》い米銭をあつめて、これを経営」したと記されていることに気づくが、この**清水寺成就院**こそ、願阿弥の弟子たちが継承した寺院にほかならなかったことからすれば（下坂　二〇〇三、『清水寺史　第1巻』一九九五）、上杉本にみえる「大こくだう」が、じつは清水寺成就院と深い関係にある施設であったこともうきぼりとなってこよう。

おそらく、上杉本に描かれた五条橋を渡るさいにも、この「大こくだう」を素通りするわけにはいかず、人々はなにがしかの米銭をほどこさなければならなかったにちがいない。ここからは、戦国時代の五条橋が、勧進によって維持された、いわゆる勧進橋であったことがあきらかとなろう。

110　清水寺・ろくはら・しるたにめうほういん

「ろくはら」（六波羅）と「しるたに」（汁谷）

ところで、今来た道をもとにもどって、五条橋の東詰からそのまま東のほうへすすんでいくと最終的には「**清水寺**」にたどりつくことになる。そのため、五条橋は、古くから「清水橋」（『明月記《めいげつき》』建仁《けんにん》二年六月二十一日条ほか）ともよばれたが、その途中、上杉本では、「**ろくはら**」（六波羅）と書かれた墨書と瓦屋根の建物がみえる。

建物のほうは、おそらく**六波羅蜜寺**《ろくはらみつじ》を意味するのだろう。ただし、六波羅というのは地名でもあり、そこには、かつて平氏一門の屋敷がおかれ、また、鎌倉幕府の六波羅探題《たんだい》がおかれたことでもよく知られている（高橋〔慎〕一九九六）。

そのような重要施設が六波羅の地におかれたのは、**汁谷越**《しるたにご》**え**という、東海道へとつながる道と五条橋とをつなぐ道がこの周辺を通っていたためであろう。上杉本では、汁谷越えあたりに「しるたにめうほういん」という墨書がみられ、「**しるたに**」（汁谷）の地に延暦寺《えんりゃくじ》の門跡《もんぜき》寺院である「**めうほういん**」（妙法院《みょうほういん》）があったことがわかる。

現在、「しるたに」（汁谷）は、渋谷《しぶたに》や馬町《うままち》という地名にかわっているが、永禄《えいろく》十一年（一五六八）九月に足利義昭《あしかがよしあき》とともに岐阜より上洛した信長もまた、義昭の「御座《ござ》」所《しょ》を清水寺においたことがわかるので

111　六波羅蜜寺

112　汁谷越（東から）

（『言継卿記《ときつぐきょうき》』九月二十六日条）、この「しるたに」から「ろくはら」、そして「五条のはし」を渡って洛中へと入ってきたのだろう。

ちなみに、汁谷越えの道は、中世では、法性寺大路《ほっしょうじおおじ》（のちの伏見街道筋、本町《ほんまち》通り）とよばれた道とも交差しており、「ろくはら」や「しるたに」一帯が交通の要衝であったことが知られる（河内　二〇〇〇）。おそらく、秀吉がのちに、「ろくはら」と「しるたに」のすぐ南側に大仏（大仏殿、東山大仏）を造立したのも、このあたりが交通の要衝であったことが関係するのであろう（河内　二〇〇八b）。

五条通りから松原通りへ

ところで、その大仏の普請が本格的にはじまったのは、天正十六年（一五八八）のこと。そして、それから八年後の文禄《ぶんろく》五年（慶長《けいちょう》元年、一五九六）ころには、おおよそ完成していたと考えられるが（河内　二〇〇八b）、それにともなって、周辺地域にも大きな変化がもたらされたと思われる。

もっとも、その変化が具体的にどのようなものだったのかという点については、今ひとつわからない。ただ、中世では橋が架かっていなかった六条坊門小路《ろくじょうぼうもんこうじ》と鴨川との接点に橋が設けられ、それが江戸時代前期には「大仏橋」とよばれていたことなどは、はっきりとした変化のひと

113　五条大橋（西から）

114　松原橋（東から）

つといえるだろう。

しかも、これにともなって、六条坊門小路が「大仏橋通り」から「五条橋通り」と名をかえていき、それに対応して、かつての五条通り（五条大路）が「松原《まつばら》通り」とよばれるようになっていったことをふまえるならば（『京都の歴史4』一九六九）、上杉本にみえる五条橋の光景もまた、そのままというわけにはいかなかったであろう。

実際、江戸時代前期に作成された『洛中絵図』には、二本に分かれていた五条橋や中島のすがたを見いだすことはできない。また、「大こくだう」の大黒天像も清水寺に、法城寺もどのような経緯があったのかまではさだかではないが、複数の寺院へ分割されるかたちで移転を余儀なくされたと考えられるからである（川嶋　一九九二、瀬田　二〇〇九、下坂　二〇〇三、山田　二〇一二）。

そういう意味では、上杉本にみられる五条橋周辺のすがたは、まったく失われた光景といえ、かつて五条橋が架かっていたところに現在架けられている**松原橋**（『洛中絵図』の時代には存在しないが）にたたずんでも、かなりの想像力をはたらかさないと戦国時代のようすを感じとることはむずかしいといえよう。

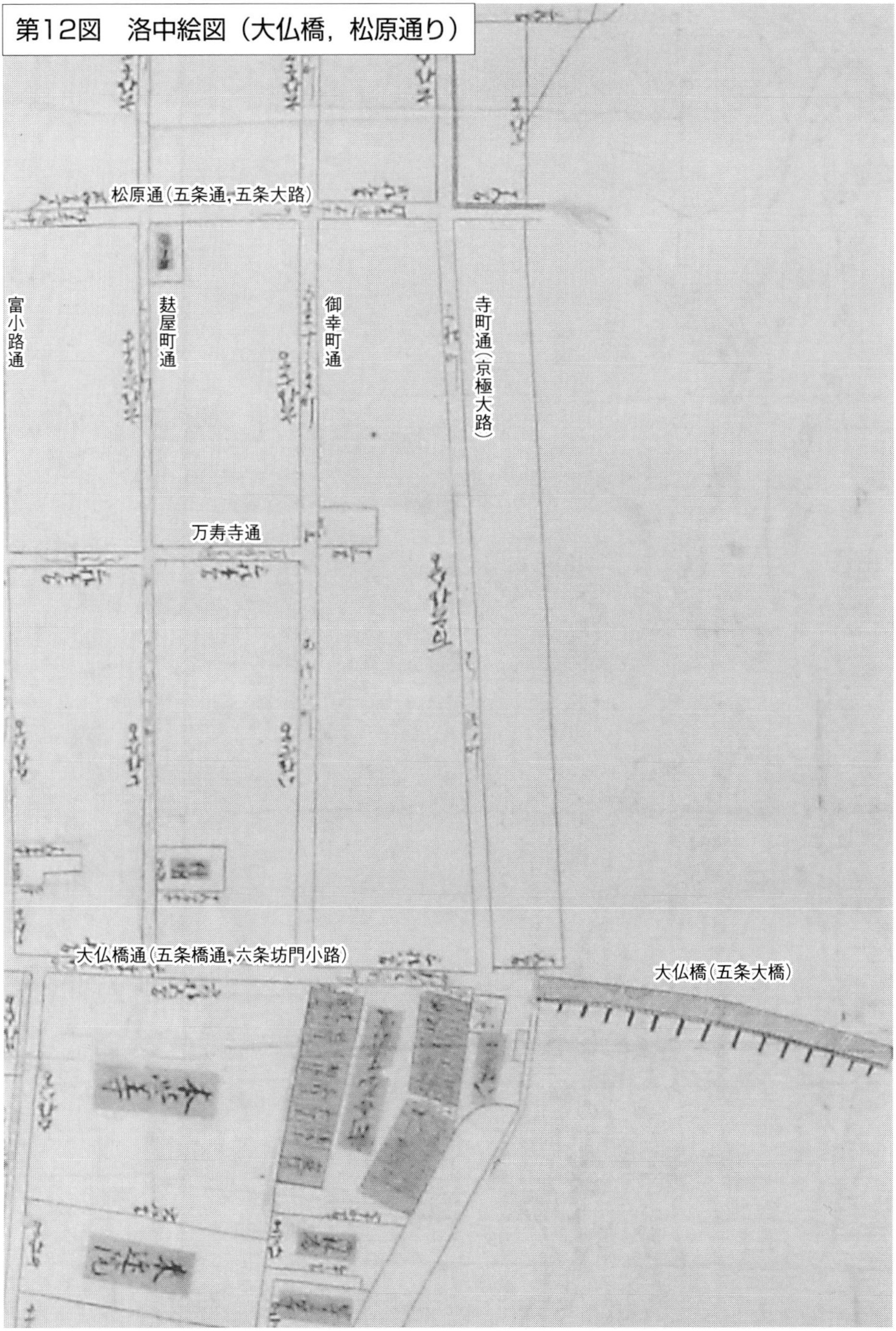
第12図　洛中絵図（大仏橋，松原通り）
松原通（五条通，五条大路）
富小路通
麸屋町通
御幸町通
寺町通（京極大路）
万寿寺通
大仏橋通（五条橋通，六条坊門小路）
大仏橋（五条大橋）

115　四条のはし・四条のたうじやう

「四条のはし」（四条橋）

それではつぎに「**四条のはし**」（四条橋）のほうへと移動することにしよう。ここでもまた、四条橋の東岸を出発点にしたいと思うが、上杉本では、いきなり祇園会《ぎおんえ》（祇園祭）神輿渡御《みこしとぎょ》の場面に遭遇することになる。目のまえには、三基の神輿が鴨川を渡ろうとしているすがたがみえるので、六月七日の神輿迎え（神幸《しんこう》）の場面である。注目されるのは、神輿が渡っている橋が、四条橋とは別個に架けられていることがみてとれる点であろう。

この橋は「**浮橋**《うきはし》」（『八坂神社文書』）とよばれ、祇園会のたびごとに架けられた臨時の橋として知られている。ここからは、神輿やそれをかつぐ駕輿丁《かよちょう》たちは「浮橋」、そして人や馬は「四条のはし」を渡るといったルールのあったことが知られよう（河内　二〇〇六・二〇〇七）。

行列の先頭は、四条通り（四条大路）と京極大路が交差する四条京極にあった「**四条のたうじやう**」（四条道場、金蓮寺《こんれんじ》）のまえあたりにまで到達している。また、その付近には、四条京極から南のほうへとすすむ**長刀鉾**《なぎなたほこ》や**蟷螂山**《とうろうやま》のすがたもみえる。

上杉本では、このように神輿渡御と山鉾巡行が同時におこなわれていたかのように描かれているが、実際には、そのようなことはありえない

116　長刀鉾・蟷螂山・くわぢやとの・榎木

117　四条大橋（東から）

118　八坂神社（祇園社）

119　冠者殿社

120　現在の御旅所に渡御した神輿

という点にも注意が必要であろう。現在でも、また戦国時代でも同じように、山鉾巡行は午前中におこなわれ、それがおわったあとに神輿渡御がおこなわれることになっているからである。そういう意味では、上杉本にみられる光景というのは、画面のうえだけのすがたであったといえよう。

「くわぢやとの」（冠者殿）と失われた大鳥居

それでは、神輿渡御の行列を追って、「四条のはし」を渡っていくことにしよう。すると、四条京極の東南隅に「**くわぢやとの**」（冠者殿《かじやどの》）と書かれた小さな神社と、大きな**榎木**のすがたが目に入ってくることになる。

ちなみに、この場所には、秀吉の時代になって、大政所《おおまんどころ》御《お》旅所《たびしょ》と少《しょう》将《しょう》井《い》御《お》旅所《たびしょ》が移され、ひとつの御旅所として統合されるが、注目されるのは、明治時代に御旅所が縮小されるまで、「くわぢやとの」が上杉本と同じ場所にあったという事実であろう。

しかも、上杉本にみられる大きな榎木も江戸時代まで残されていたことが知られている（下坂　二〇〇九b）。ふたつの御旅所が移されるにあたって、「くわぢやとの」と榎木の存在が重要な意味をもっていたと考えられよう。

121　祇園大鳥居（歴博甲本）

122　祇園大鳥居跡あたり（東から）

ところで、その「くわぢやとの」と榎木から少し東のほうへもどっていったあたりには、戦国時代まで「**祇園大鳥井**」や「四条大鳥居」とよばれた、大きな鳥居があった。そのことは、上杉本よりまえに制作されたと考えられている歴博甲本などをみてみるとよくわかる。ところが、上杉本には、その大鳥居が描かれていない。

その理由は、天文《てんぶん》十三年（一五四四）七月九日におこった大洪水によって、「四条・五条橋」も「祇園大鳥井流失」（『厳助往年記《げんじょおうねんき》』）し、その後、大鳥居が再建されなかったためと考えられている（下坂　二〇〇九a）。それがもし事実であれば、上杉本の制作年代も、おのずと天文十三年以降となろう。

それでは、大鳥居と同じように「流失」した「四条のはし」のほうはどのようになったのか、といえば、上杉本にそのすがたがみえることからもわかるように、再建されたことがあきらかとなる。

もっとも、その再建がどのようにしておこなわれたのかということまではわからない。ただ、それ以前の四条橋が勧進によって再建されてきたことが知られている以上（下坂　二〇〇九a）、上杉本にみえる「四条のはし」もまた、それまでと同じように勧進によって再建されたと考えるのが自然であろう。

このようにしてみるとわかるように、先にみた五条橋も、また四条橋

123　きおん

も、上杉本に描かれたふたつの橋が、いずれも勧進によって経営される勧進橋であったことがうきぼりとなってくる。

勧進という、いわば民間の力によってささえられてきたことがあきらかとなるわけだが、ところが、このようなありかたも、信長や秀吉の時代をへて、変化をとげていくことになる。

たとえば、五条橋については、先にもみたように、秀吉の時代以降、まったく別のところに橋が架けられていくようになるし、また、四条橋についても、天正四年（一五七六）五月の洪水によって流されて以降は、これまでのように勧進ではなく、信長の家臣村井貞勝《むらいさだかつ》によって「四条の橋普請」（『兼見卿記《かねみきょうき》』六月二十五日条ほか）がなされたという事実が知られているからである。

このように、鴨川に架けられる橋は、民間の手から信長や秀吉といった公権力の管理のもとにおかれることになっていく（東島　二〇〇〇）。時代の変化は、すぐそこにまでせまっていたといえよう。

なお、江戸時代の京都町奉行所役人の手引き書として知られる『京《きょう》都《と》御役所向大概覚書《おやくしょむきたいがいおぼえがき》』に記された「公儀橋《こうぎばし》」（幕府によって維持される橋）のなかには、四条橋の名をみることはできない。その理由についてはさだかではないが、おそらくそれもまた、中世から近世にかけて鴨川をめぐる大きな変化にともなってのものだったのだろう。

第13図　洛中絵図（四条通り）

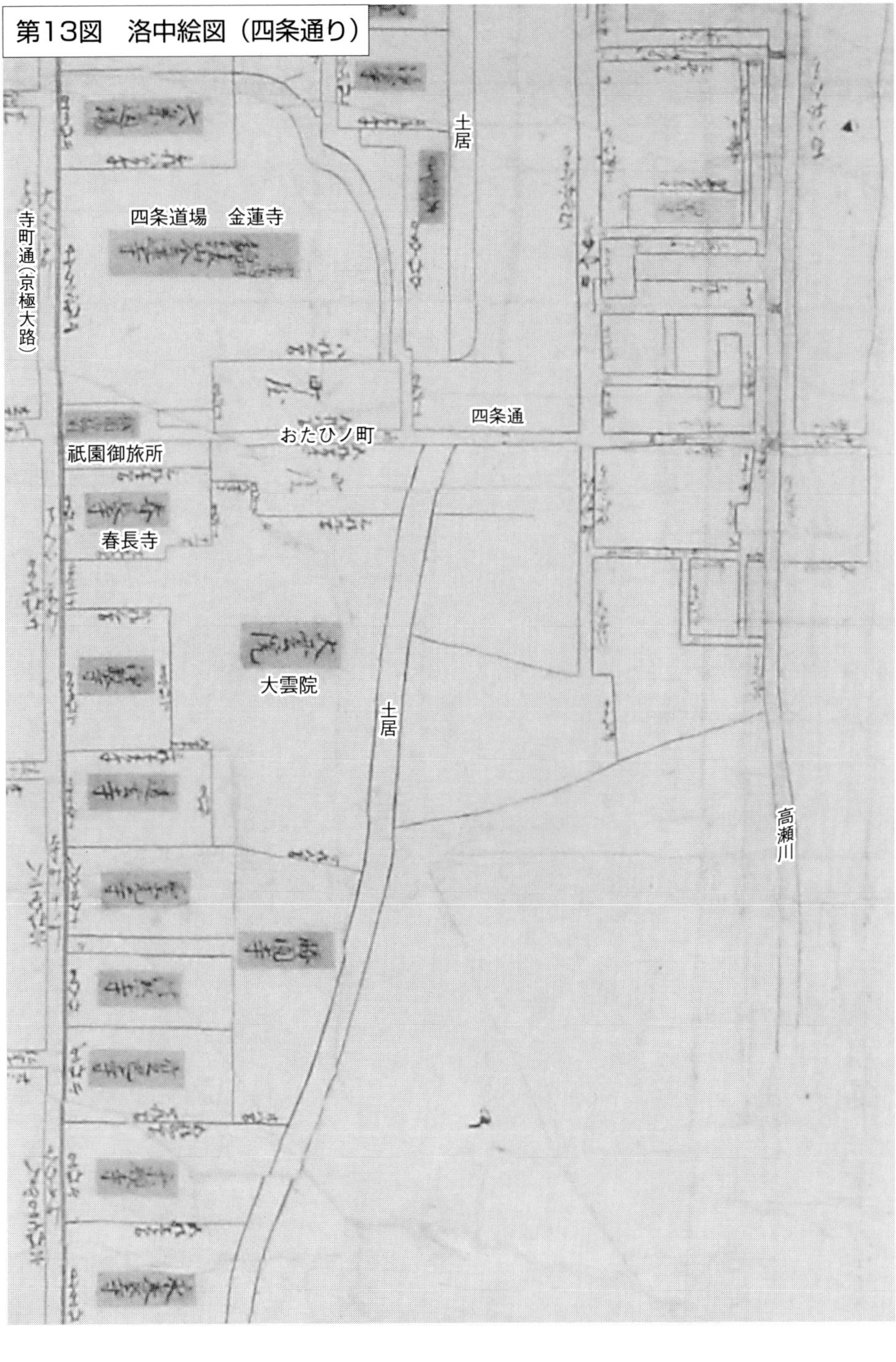

124　あわた口・へんけい石

125　粟　田　口

描かれていない三条橋

五条橋・四条橋と順番に北へのぼってきたので、最後に三条通り（三条大路）と鴨川が接する東岸に立ってみることにしよう。すると、上杉本では、これまでのようには橋のすがたがみられないことがわかる。

視線を反対にむけ、東のほうをのぞむと、プロローグでもふれた、七口のひとつ「**あわた口**」（粟田口《あわたぐち》）が遠くにみえ、いっぽう鴨川の対岸を西のほうへとすすんでいくと、下京を歩いたときにおとずれた三条《さんじょう》烏《からす》丸場町《まばのちょう》や饅頭屋町《まんじゅうやちょう》にたどりつく。

このようなことからもあきらかなように、今わたしたちが立っているところは、おそらく戦国時代においても、東国と洛中をつなぐ、もっとも重要な地点だったはずである。にもかかわらず、それをつなぐ**三条橋**が上杉本に描かれていないというのはどういうことなのだろうか。

もっとも、これは上杉本だけのことではなく、東博模本《とうはくもほん》や歴博乙本《れきはくおつほん》（国立歴史民俗博物館乙本洛中洛外図屏風）といった、初期洛中洛外図屏風でも同様といえる。唯一、歴博甲本だけには、小さな橋が描かれているが（小島　二〇一二）、この橋が五条橋や四条橋とならぶ存在であったのかという点については判断がむずかしいであろう。

東博模本や歴博乙本をみてみると、三条橋がなければならないところ

126　粟田口から鴨川（歴博乙本）

127　三条通りと鴨川の接点に描かれた橋（歴博甲本）

で水遊びをする男たちのすがたが描かれている。また、川のなかほどにいたっても水深は男たちのひざまでいかないようにみえるからである。それがもし事実を伝えているのなら、このあたりは橋を架ける必要がないほどの浅瀬になっていたのかもしれない。

　そのことを裏づけるように、先にもふれた島津家久の旅日記『中務大輔家久公御上京日記』（『中書家久公御上京日記』）をみても、「その口（粟田口）をうちすぎて、弁慶石といえるところ」にいたったとあり、粟田口から鴨川を渡って洛中に入ってくるさいには、五条のときのように、橋を渡ったとは書かれていない。

　もっとも、そうはいっても、戦国時代に三条橋が架けられていなかった断定するわけにもいかないであろう。実際には架けられていたにもかかわらず、絵師たちがなんらかの理由でそれを描かなかったとも考えられるからである。したがって、描かれない三条橋については、ひきつづき考えていかなければならない重要な課題であるといえよう。

「へんけい石」（弁慶石）

　ところで、家久も目にした「**弁慶石**」についてであるが、上杉本では、「**へんけい石**」という墨書とともに、「あわた口」のすぐ下に比較的めだつかたちで描かれている。

128　へんけい石

大きな松の下で、上半身裸の男がもちあげようとしている茶色の石が「へんけい石」であり、その石をもちあげようとしている男のまわりには見守る人々もみられ、その脇では相撲に興じる男たちのすがたまでが描かれているからである。

じつは、現在の三条通りと寺町通り（京極大路）が交差するところ、かつての三条京極の西側には、弁慶石町《べんけいいしちょう》という町名が残されている。しかも、そこには、上杉本に描かれたものとはかなりようすが異なる弁慶石も残されている。

現在の弁慶石町と上杉本に描かれる「へんけい石」の場所がまったく同じなのかどうかといったことまではさだかではないが、この石については、注目すべき事実があきらかにされている（瀬田 二〇〇九）。

というのも、応仁・文明の乱（応仁の乱）がはじまる十数年ほどまえの享徳《きょうとく》元年（一四五二）という年に、瑞渓周鳳《ずいけいしゅうほう》という禅僧がみずからの日記『臥雲日件録《がうんにっけんろく》』の十一月六日条につぎのような興味深い話を書き残しているからである。

それによれば、まずこの年の十月「廿日《はつか》ころ」に「山階《やましな》（山科）」から「弁慶石」なる石が送られてきて、「南禅《なんぜん》」寺《じ》の「門前」に置かれたことがわかる。山科は、粟田口からひと山越えたところにひろがる盆地であり、また、**南禅寺**も粟田口のすぐ東に所在する禅宗寺院である。いずれ

129　現在の弁慶石

130　南　禅　寺

も、江戸時代の三条大橋につながる東海道に沿って所在しているから、「弁慶石」が東国から送られてきたことがうかがえよう。

実際、それを裏づけるように右の話のあとには、「この石」はもともと「奥州衣河《おうしゅうころもがわ》（衣川）の中流に」あり、「むかし弁慶がこの石のうえに立ちて死」んだという伝承が記されている。

それでは、なぜその「弁慶石」が、わざわざ京都まで送られてきたのであろうか。それは、「この石霊あり」、「人に告げて、京城《けいじょう》五条橋に到らんことをもと」めたからだという。

現代人の目からすれば、にわかには信じがたい話だが、しかしながら、中世の人々は、このような信じがたい話を信じ、「弁慶石」を「郡県逓《ぐんけんてい》し、あい送」（国や郡を越え、人の手から人へ順々に送ること）ってきたことはまちがいない。したがって、それから百年近くたった戦国時代においても、同じようなまなざしで人々が「へんけい石」をながめた可能性は高いであろう。

それにしても、なぜ「弁慶石」は、「五条橋」をめざしたにもかかわらず、山科から汁谷越えへの道ではなく、粟田口のほう、つまりは三条方面をめざしてきたのであろうか。人の手から人へと送られてきたというからには、「弁慶石」をうけとった山科の人々がそのことを知らないはずはないと考えられるからである。

131　三条大橋（東から）

132　三条大橋の擬宝珠

この点、江戸時代中期に刊行された地誌『山州名跡志《さんしゅうめいせきし》』は、享徳元年から二年後にあたる「亨（享）徳三年」に「奥州の弁慶石」が「声を発して鳴動《めいどう》し、三条京極にゆかんとい」ったという話を伝えている。ここからは、「三条京極」のほうが本来の目的地だったのではないかとも考えられるが、残念ながら決め手となる史料が残されていないため、なんともいえない。

しかし、いずれにしても、室町・戦国時代においては、東国から洛中に入る接点として、「五条橋」と「三条京極」が強く意識されていたことはまちがいないであろう。そして、それがまた、「弁慶石」の行き先として反映されたのではないかと考えられる。

なお、このあたりの光景も秀吉の時代以降、一変することになる。大仏の造立や「大仏橋」の建設とほぼ時期を同じくして、**石柱橋**《せきちゅう》としての三条大橋が秀吉の家臣増田長盛《ましたながもり》によって架けられることになるからである（朝尾　二〇〇四b）。

その**三条大橋の擬宝珠**には、天正十八年（一五九〇）正月日の日付で、「洛陽《らくよう》三条の橋は、後代にいたるまで往還の人を」「化度《けど》」（教えみちびくこと）するものであり、「盤石《ばんじゃく》の礎《いしずえ》は地に入ること」「五尋《ひろ》」（約九メートル）の深さ、「切石の柱は六十三本」におよぶ「日域《にちいき》」（日本）における「石柱橋」の「濫觴《らんしょう》」（はじまり）であると高らかにうたわれている（『三

133　三条大橋付近に残る石柱

134　三条大橋西詰に残る寛文新堤

条大橋擬宝珠銘』）。

一見すると、秀吉権力の強大さをたたえているようにみえなくもないが、しかしながら、法城寺の名にこめられた祈りや、「四条・五条橋」「祇園大鳥井」をも押し流した、中世鴨川の猛威を思いおこしたとき、そのような自然災害に対してほとんど無力であった中世権力とは一線を画す新たな権力として強い意志を示すものであったと読みとるべきであろう。

もっとも、実際に鴨川の猛威を多少なりとも制御できるようになるのは、これからおよそ半世紀以上もの年月が必要となる。寛文《かんぶん》九年（一六六九）に江戸幕府によって築造された石堤、いわゆる**寛文新堤**によって、ようやく変化のきざしがみられるようになるからである（中村　二〇〇五・二〇〇八）。

そのことをふまえるならば、上杉本に描かれた五条橋から三条あたりの光景というのは、変化の時代をむかえる直前の中世最後のすがたをとらえた貴重なものであったといえよう。

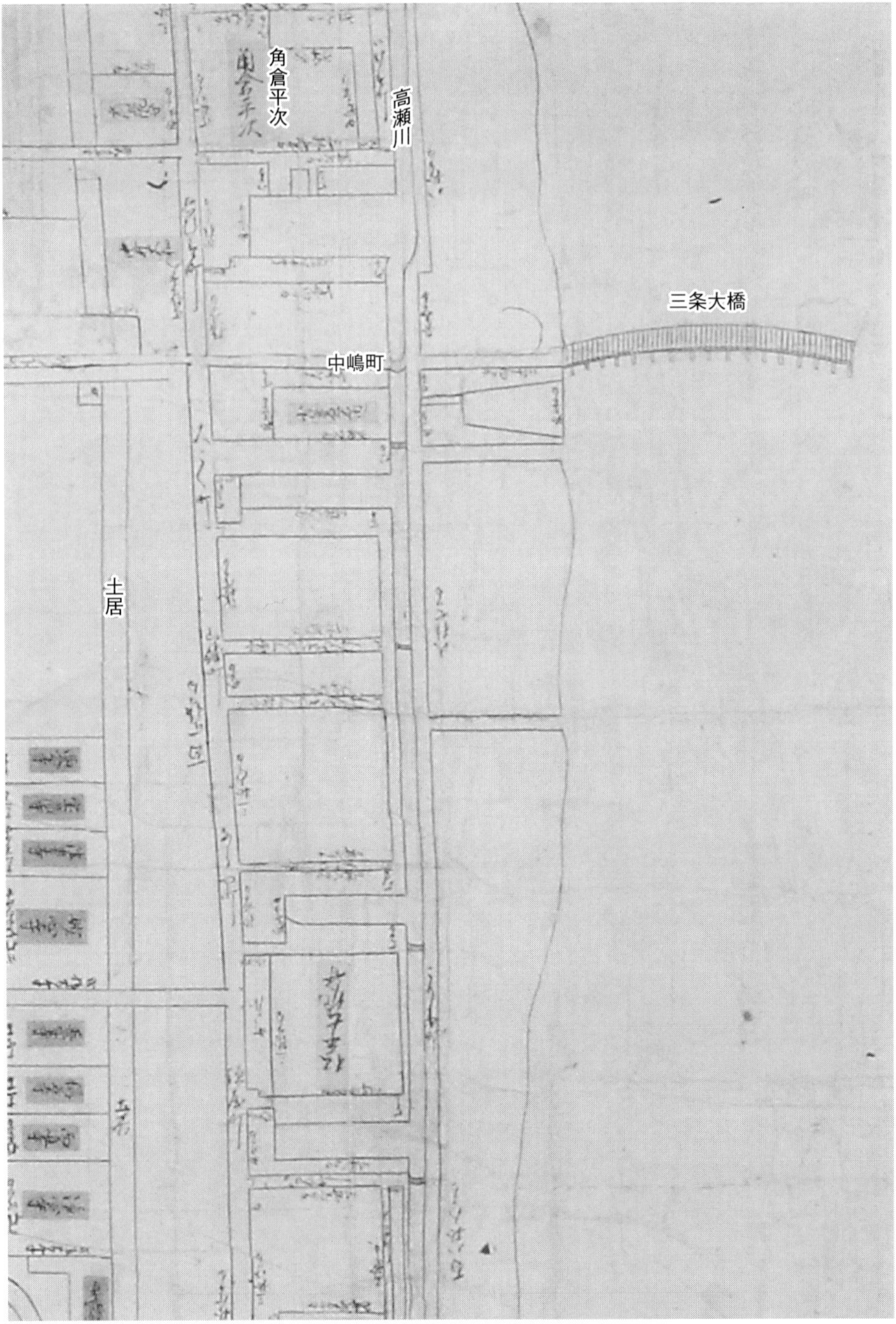
角倉平次
高瀬川
三条大橋
中嶋町
土居

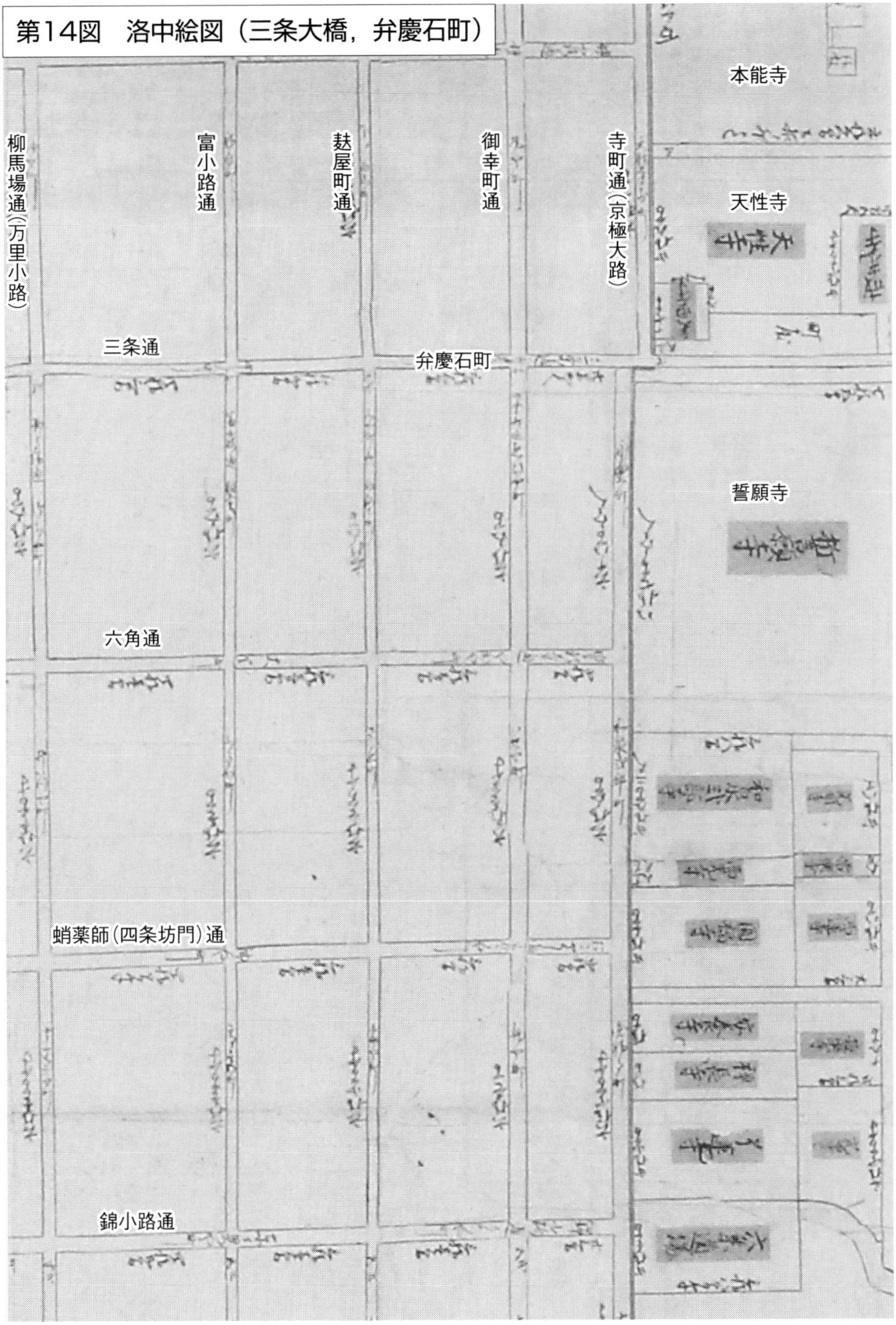

第14図　洛中絵図（三条大橋，弁慶石町）

柳馬場通
富小路通
麩屋町通
御幸町通
寺町通
本能寺
河原町通
三条大橋
三条通
弁慶石町
六角通
蛸薬師通
錦小路通
四条道場跡
四条大橋
四条通
祇園御旅所
仲源寺
綾小路通
仏光寺通
建仁寺
高辻通
松原通
松原橋
弓矢町
六道珍皇寺
愛宕寺跡
万寿寺通
六波羅蜜寺
五条通
五条大橋
0
200m

第15図　鴨川行程図

二　北野あたりをめぐる

135　北野天満宮中門

北野

プロローグでもふれたように、平安京は、比較的早い段階から左京《さきょう》（東京）と右京《うきょう》（西京）の両京のうち、右京が荒廃し、左京を中心に都市的な発展をみせた。もっとも、右京のほうも、そのすべてが都市的な発展をしなかったというわけではけっしてない。

しかしながら、鎌倉時代前期に鴨長明《かものちょうめい》によって書かれた『方丈《ほうじょう》記《き》』のなかでもすでに、「河原、白河《しらかわ》、西《にし》の京《きょう》、もろもろの辺地《へんち》」とみえることからもわかるように、「西の京」とよばれるようになった右京が、洛中（京中）とは一線を画する「辺地」（辺土《へんど》）＝洛外とみられていたことはまちがいないといえよう。

ここでは、その右京（西の京）の北方、北野あたり（北野とその周辺）をめぐっていこうと思うが、現在では、北野といえば、北野天満宮の名前

136　舟岡山・千本ふけん堂

がすぐに思いうかんでくることからもわかるように、その関係はイコールと思われがちである。

しかしながら、上杉本の左隻（上京隻）には、「北野」（北野社、北野天満宮）のほかにも、「北野しやかんたう」や「北野きやうだう」という墨書がみえ、戦国時代の北野が、現在の北野天満宮境内よりかなり広範囲を指す地名であったことがあきらかとなろう。

しかも、それらが、左隻の第三扇・第四扇という、ほぼ中央部に描かれていることからも、その重要性は際だつものであったことがうかがえる。

千本

ところで、平安京において、左京と右京を区切る中央の道路であった朱雀大路《すざくおおじ》も、右京の荒廃とともに、しだいに衰退していったと考えられる。実際、その名は、おそくとも江戸時代前期には「西朱雀通り」や「千本《せんぼん》通り」とよばれるようになったことが知られている（『京雀《きょうすずめ》』）。

このうち、「千本通り」の「千本」とは、江戸時代前期に成立した地誌『雍州府志《ようしゅうふし》』に、「船岡《ふなおか》の西南、すべて千本と称す、そのうち、上《じょう》品蓮台寺《ぼんれんだいじ》の東北、船岡山西の麓に、火葬場あり、俗にこのところをよびて、もっぱら千本という」説明がなされている。

137　上品蓮台寺

138　船岡山から北野方向を眺める

上杉本では、上品蓮台寺は描かれていないが、青々とした「**舟岡山**」（船岡山）と、その南側に「千本ふけん堂」や「千本ゑんまたう」という墨書がみてとれる。ここからは、戦国時代にはすでに、「千本」という地名が定着していたことが知られよう。

なお、『雍州府志』がいうように、この地域にいつごろから火葬場があったのかという点についてはさだかではない。ただ、天正《てんしょう》十年（一五八二）十月十五日に「カン」（龕《がん》、棺《かん》）のなかに信長の「木像を入れ」（『言経卿記《ときつねきょうき》』）、それを「焼き申」（『晴豊記《はれとよき》』）した信長の「御送葬《ごそうそう》」（『宗及《そうぎゅう》他会記《たかいき》』）が、このあたりでおこなわれたことをふまえるならば（河内二〇〇六）、そのころまでにはさかのぼることができるのかもしれない。

もっとも、賊に襲われたさいにこうむった疵《きず》がもとで亡くなった公家の山科定言《やましなさだとき》が、明応《めいおう》三年（一四九四）八月三日に「センホン（千本）ノ寺ノ中」で「土サウ（葬）」にされたことからもわかるように（『言国卿記《ときくにきょうき》』）（瀬田　二〇〇九）、千本がそれ以前より土葬などのおこなわれる、いわゆる葬送の地であったことはまちがいないといえよう。

「千本ゑんまたう」（千本閻魔堂、柏野閻魔堂、引接寺）

少しまえおきが長くなってしまったが、それではさっそく、その千本の地に所在する「**千本ゑんまたう**」（千本閻魔堂《えんまどう》、柏野《かしわの》閻魔堂、引接寺《いんじょうじ》）か

139　千本ふけん堂・千本ゑんまだう

らたずねてみることにしよう。すると、上杉本では、参詣者でにぎわう門前や堂舎の中央に設けられた舞台のうえでおこなわれている狂言のようすが目にとびこんでくることになる。

狂言は、現在も同地でおこなわれている大念仏《だいねんぶつ》狂言（千本ゑんま堂大念仏狂言）であり、場面は、閻魔大王のまえに引き出された亡者が鬼たちに責めたてられているところとなる。

このような狂言がおこなわれるようになったのは、上杉本が描かれたころと考えられているが（山路　二〇〇九）、その狂言の題材に右のような場面がえらばれたのは、千本の地があの世とこの世の境界にあたる葬送の地であったことによるものであろう。

『雍州府志』をしたためた同じ著者（黒川道祐《くろかわどうゆう》）の手になる『日次紀《ひなみき》事《じ》』によれば、「千本引接寺閻魔堂大念仏」は、「毎年堂前の普賢象《ふげんぞう》桜の花開く」ころを待っておこなわれたという。

このことは、公家の山科言継《ときつぐ》の日記『言継卿記《ときつぐきょうき》』永禄《えいろく》二年（一五五九）三月八日条にも「焔魔《えんま》堂念仏曲ども沙汰なり、花最中見事なり」とみえ、戦国時代でも同様であったと考えられる。おそらく上杉本にもみえる桜がこれにあたるものなのだろう。したがって、わたしたちの目のまえにひろがる季節は春三月となる。

もっとも、このあたりの桜については、公家の中御門宣胤《なかみかどのぶたね》の日記であ

140　千本ゑんま堂引接寺

141　北野しやかんたう・北野

る『宣胤卿記《のぶたねきょうき》』文亀《ぶんき》二年（一五〇二）三月九日条に、「千本念仏に詣《もう》でる、ならびに普賢堂桜さかんなり」とあり、「普賢象桜」ではなく、「普賢堂桜」と記されている。

この点、上杉本には、「千本ゑんまたう」の北側に「**千本ふけん堂**」（千本普賢堂）と書かれた建物がみえ、そこにも桜が描かれているので、戦国時代では、あるいは、こちらのほうが有名であったのかもしれない。

「北野しやかんたう」（北野釈迦堂、千本釈迦堂、大報恩寺）

ところで、室町時代以降、「千本ゑんまたう」は、上杉本では檜皮葺《ひわだぶき》の屋根だけをみせている「**北野しやかんたう**」の末寺となっていた（下坂 二〇〇八）。「北野しやかんたう」とは、現在も同地に所在し、千本釈迦堂の名で知られる**大報恩寺**《だいほうおんじ》のことである。

その大報恩寺は、上杉本では北野釈迦堂ともよばれていたことが知られるが、おそらくそれは、『雍州府志』に「北野千本の地にあり」とみえることからもわかるように、このあたりが千本と北野の境界のようにみられていたためであろう。

また、中世の大報恩寺といえば、『遺教経《ゆいぎょうきょう》』という経典を訓読《くんどく》する遺教経会《ゆいぎょうきょうえ》、別名、「千本の釈迦念仏」（『徒然草《つれづれぐさ》』）とよばれた法会《ほうえ》がおこなわれたことでもよく知られている。戦国時代でもそれは同様であり、

142　大報恩寺本堂

143　大報恩寺太子堂

たとえば、公家の近衛政家《このえまさいえ》の日記『後法興院記《ごほうこういんき》』文亀三年（一五〇三）二月十四日条にも、「大報恩寺に詣で、遺教経を聴聞《ちょうもん》せしむ」という記事を見いだすことができる。

もっとも、戦国時代の大報恩寺といえば、この遺教経会とともに、上杉本にもみえる「**北野きやうだう**」（北野経堂《きょうどう》、北野経王堂《きょうおうどう》）とよばれた瓦葺き屋根の巨大な建物と、そこでおこなわれた法会を管理していたことでも注目されている（下坂　二〇〇八）。

そこで、わたしたちも、「北野しやかんたう」と「**北野**」（北野社、北野天満宮）をひとまず通りすぎて、その「北野きやうだう」のほうへとあゆみを向けることにしよう。

「北野きやうだう」（北野経堂、北野経王堂）

その「北野きやうだう」は、残念なことに今はそのすがたをみることはできない。しかしながら、大報恩寺に残される『洛北千本大報恩寺縁起《らくほくせんぼんだいほうおんじえんぎ》ならびに由致拾遺《ゆうちしゅうい》』という史料によれば、その規模は、「長三十間」「横廿五《にじゅうご》間」におよぶものであったという。

きわめて大きな建物であったことがうかがわれるが、そのような建物が必要とされたのは、上杉本にも描かれ、また、わたしたちの目のまえにもみえているように、そのなかで数多くの僧侶が集い、大規模な法会

144　北野きやうだう・北野松原

をおこなうためであった。
その法会とは、具体的には万部経会《まんぶきようえ》とよばれるもので、毎年十月五日から一〇日間をかけて一〇〇〇人におよぶ僧侶が『法華経《ほけきよう》』一万部を読経《どつきよう》するものであった（梅澤　二〇〇二）。

上杉本に描かれている光景もまた、この万部経会をあらわしたものではないかと考えられているが（マッケルウェイ　二〇〇九）、それがはじめられたのは、室町時代の明徳《めいとく》三年（一三九二）十二月のこと。前年におこった明徳の乱によって戦死したものたちをとむらうため、将軍足利義満《あしかがよしみつ》によって、「内野《うちの》」（平安京大内裏《だいだいり》の跡）ではじめられたと『洛北千本大報恩寺縁起ならびに由致拾遺』は伝えている。

それが北野の地でおこなわれるようになったのは、「新御堂《しんみどう》」（『吉田家《よしだけ》日次記《ひなみき》』応永《おうえい》十年十月十五日条）と当時よばれていた経堂が完成した応永八年（一四〇一）ころからである。また、それからしばらくしてはじめられた『北野《きたの》一切経《いっさいきよう》』書写の願主《がんしゅ》（仏像や仏寺を建立したり、経典や法衣を供養するなど、善根功徳を積もうという願いをおこす人）であった覚蔵坊増範《かくぞうぼうぞうはん》という僧侶が、「経奉行《きようぶぎよう》」という地位について以降は、経堂や万部経会も、ともに覚蔵坊を継承する僧侶たちによって管理されることになった（梅澤　二〇〇二・二〇〇七、下坂　二〇〇八）。

その覚蔵坊を大報恩寺の住持であった養命坊《ようめいぼう》が支配するようになるの

145　北野天満宮の大鳥居と北野松原

は、戦国時代、おそくとも大永《だいえい》五年（一五二五）以降と考えられている（下坂　二〇〇八）。もっとも、万部経会のほうは、すでに応仁・文明の乱（応仁の乱）後の段階で「北野千部経《せんぶきよう》」ともよばれ、「僧衆三百四、五十人」（『親長卿記《ちかながきようき》』文明十七年十月八日条）しか集まらない状態となっていた。

そのようになった背景には、「布施《ふせ》なきにより、近年かくのごとし」（『親長卿記』同日条）とあるように、集まった僧侶たちへの「布施」が用意できないという経済的な問題があったと伝えられている。おそらく応仁・文明の乱以降にすすんだ幕府の衰退によって、支援を得られなくなったことが大きかったのだろう。

それは、大報恩寺が管理をしはじめたころでも同じであったと考えられるが、そのこともあって、戦国時代では、幕府ではなく、ときの実力者の肝煎《きもい》りで万部経会がおこなわれるようになったと考えられている（下坂　二〇〇八）。

たとえば、天文《てんぶん》十四年（一五四五）十月には、細川晴元《ほそかわはるもと》の有力被官《ひかん》であった「三好宗山《みよしそうさん》（宗三）」（政長《まさなが》）の「取り持ち」（とりしきり）によって、ひさかたぶりに万部経会がおこなわれたというようにである（『言継卿記』十月四日・八日条）。

注目されるのは、そのさい、経堂のまわりには、「もってのほかの群集」が押し寄せ、それをあてこんで、「市屋《いちや》ども数知れず」、「種々の勧《かん》

146　北野経堂跡あたり

進筆舌《じんひつぜつ》につくしがたし」というにぎわいがみられた点であろう。

　戦国時代、万部経会は、天文十四年をふくめてかぞえるほどしかおこなわれなかったようだが、そのいっぽうで、大施餓鬼会《おせがきえ》や千部経会といった、万部経会ではない法会はおこなわれており、そのときもまた、大勢の人々でにぎわったことが知られている（『北野社家日記《きたのしやけにっき》』永正《えいしょう》八年九月十三日条、『言継卿記』天文二十二年三月二十一日条ほか）。

　しかも、永禄《えいろく》十年（一五六七）三月におこなわれた「北野の千部経」に公家の山科言継が参詣したさいには、「手く、つ」（手傀儡《てくぐつ》、あやつり人形）を「はじめて見物」したとあり（『言継卿記』三月二十九日条）、千部経会に集まる人々めあてに、さまざまな芸能者も集まっていたことが知られよう（徳田　一九八二）。

　このようなことからすれば、「北野きやうだう」とその周辺は、戦国時代においてもなお人々が群集するところであったといえる。それゆえ上杉本をはじめとした初期洛中洛外図屛風にもかならずそのすがたが描きこまれることになったのであろう。

　もっとも、そのいっぽうで、戦国時代においては、万部経会がほとんどおこなわれていなかったことをふまえるならば、上杉本にみえる場面というのは、あるいは千部経会のようすをあらわしていたのかもしれない。

147　影向松・忌明塔

影向松

ところで、その「北野きやうだう」のまわりをあらためてながめてみると、枝ぶりのよい松が立ちならんでいることに気がつく。江戸時代前期に作成された『洛中絵図《らくちゅうえず》』にもその名が記されている「**北野松原**」である。

現在は、その松原もほとんどおもかげを残していないが、そのような数ある松のなか、上杉本では、「北野きやうだう」と赤い鳥居にはさまれたところに斎垣《いがき》に囲まれた一本の松が描かれている。

墨書が記されていないのではっきりとはわからないものの、「やうがう松」(『北野社家日記』天正十八年十一月一日条)と同時代史料にも出てくる**影向松**《ようごうまつ》であろう。その史料『北野社家日記』には、「今夜初雪降る、やうがう松へも参りそうろう」とあり、「初雪」が降ると、「やうがう松」へお参りにいくという習慣のあったことがうかがわれる。

もっとも、これだけでは、どのような意味があったのかまではわからないが、『雍州府志』によれば、北野社の祭神である「菅神《かんしん》」(菅原道真《すがわらのみちざね》)が「初雪降るとき、かならずこの松のうえに来現《らいげん》あるべし」との神託《しんたく》をくだしたため、「松梅院《しょうばいいん》」は「初雪ごとに、かならずこの松下において遙拝《ようはい》」したという。

148　現在の影向松

149　忌明塔跡の鳥居

「やうがう」（影向）ということばが神仏の来臨《らいりん》を意味し、また、『北野社家日記』が松梅院によって書きつがれてきた記録（佐々木　二〇〇七）であったことをふまえるならば、右のような伝承が戦国時代にも語られていた可能性は高いであろう。なお、影向松は、現在もほぼ同じあたりに、上杉本に描かれたものから何代目かの松として伝えられている。

忌明塔

それでは、影向松をあとにし、赤い鳥居をくぐって、「北野」と書かれた社殿のほうへと向かうことにしよう。すると、左手のほうに石造りの鳥居と石塔、そしてしゃがんで手をあわせるひとりの男のすがたが目に入ってくる。

先ほどの影向松と同様、墨書が書かれていないので、これだけでは意味するところはわからない。ただ、この石塔については、公家の鷲尾《わしのお》隆康《たかやす》がその日記『二水記《にすいき》』大永二年（一五二二）九月八日条のなかで、「くだんの塔」が「聖廟《せいびょう》」（菅原道真）の「御母儀《ぼぎ》の塔」であり、また、「世俗」では「四十九日《しじゅうくにち》」に「かならずこの塔に詣《もう》ず」と書きとめてくれていることが手がかりとなろう。

『二水記』では、この石塔に特別な名がつけられていたようすはみられないが、少し時代がくだった『雍州府志』にみえる「忌明塔《いみあけのとう》」が、

150　東向観音寺

151　伴氏廟（忌明塔）

これに該当すると考えられるからである。

もっとも、『雍州府志』では、忌明塔は「菅神」の「父、是善卿《これよしきょう》の塔」であり、「父母を失う人、五十日忌明きてのち、この塔に詣ず」と記されている。

『二水記』と『雍州府志』のあいだでは多少の違いがみられるわけだが、ただ、隆康がこの石塔に詣でた日が、亡くなった「慈母《じぼ》」（『二水記』八月十九日条）の「四十九日」であったことをふまえるならば、戦国時代では、亡母《ぼうぼ》の四十九日のときに詣でる場所として知られていたのであろう。

しかも、隆康自身、「そのゆえを知らず」とわざわざ記していることからすると、思いのほか新しいならわしであった可能性も否定できない。それゆえ、江戸時代前期には、父母へとその対象がひろがっていくことになったのかもしれない。

ちなみに、現在、石造りの鳥居は、同じ場所に残されているが、石塔のほうは同じ場所でみることはできない。石塔は、近くに所在する**東《ひがし》向観音寺《むきかんのんじ》**内に移され、「**菅公御母君《かんこうおんははぎみ》　伴氏廟《ともうじびょう》**」としてまつられているからである。

その石塔を実際に目にしてみると、想像していたものよりはるかに大きな五輪塔であることに圧倒される。ただ、そのかたちは、上杉本にみ

152　北　野

える石塔とは少し異なっており、むしろ歴博甲本に描かれたものに近い。なぜこのように描き方が異なっているのか、その理由についてはさだかではないが、上杉本をめぐる謎のひとつとして、これもまた慎重に検討すべき課題といえよう（高橋（康）一九八八）。

「北野」（北野社、北野天満宮）と失われた北野祭

さて、忌明塔を通りすぎると目のまえには、「北野」の社殿がみえてくることになる。戦国時代の終わりごろの北野社がそこにあるわけだが、しかしながら、すでに建築史の立場から指摘されているように、上杉本をはじめとした初期洛中洛外図屛風に描かれる北野社の社殿には、「少なからぬ相違点があり、何を信じ、また何を否定するかを描写内容から妥当な判断をすることはいまのところきわめてむつかしい」（高橋（康）一九八八）とされている。

つまり、わたしたちの目のまえにみえる北野社の社殿は、かならずしも当時のすがたを正確にはあらわしていない可能性が高いことになる。もちろん、このようなことは北野社にかぎられたものではなく、ほかの建物にも共通するとされている。

それゆえ、本書では、ここまで建物についてはあまりふれることをしてこなかったわけだが、この点、現在ふつうにおこなわれている観光で

153　北野天満宮社殿

は、その対象にかならず建物がふくまれており、上杉本を歩くというわたしたちの旅には、最初から大きな制約があったことをあらためて確認しておく必要があろう。

もっとも、そのいっぽうで、文献史料をひもといてみると、室町・戦国時代の北野社の存在が、京都においてきわめて大きなものであったことがうきぼりとなってくる（下坂　二〇一一、三枝　二〇一一）。

とりわけ上杉本にそくして注目されるのは、左隻（上京隻）に描かれた北野社が、右隻（下京隻）に描かれた祇園社（八坂神社）とならんで、室町・戦国時代においては、「本社山王権現《さんのうごんげん》の御代官とて、王城《おうじょう》守護の二神」（『応仁略記《おうにんりゃっき》』）とみられていた点であろう（下坂　二〇一一）。

じつは、北野社も祇園社も、神仏習合《しんぶつしゅうごう》の時代にあっては、ともに延暦寺横川《よかわ》の末寺であると同時に、日吉社（山王社、日吉大社）の末社でもあった。そして、それゆえに、「都の政治に関して絶対的支配権をもって」（『フロイス日本史』）いたとされる延暦寺大衆《だいしゅ》の強い影響下にあったこともあきらかとなっているからである（下坂　二〇〇一・二〇一一・二〇一三）。

ちなみに、町人たちの「集会《しゅえ》」の場所にもなっていた上京の革堂《こうどう》（行願寺《ぎょうがんじ》）も、また下京の六角堂《ろっかくどう》（頂法寺《ちょうほうじ》）も、ともに延暦寺横川の末寺であったが、これらのことをふまえるならば、戦国時代の洛中洛外には、

154　延暦寺東塔根本中堂

そのすみずみにいたるまで**延暦寺**の影響がおよんでいたといえよう。

その延暦寺の影響がもっともわかりやすいかたちであらわれたのが、北野社と祇園社でおこなわれた祭礼のありかたである。この両社の祭礼である北野祭《きたのまつり》と祇園会《ぎおんえ》（祇園祭）はともに、応仁・文明の乱がおこる少しまえより、嗷訴《ごうそ》や山訴《さんそ》とよばれた延暦寺大衆による訴訟のかけひきに利用され、しばしば式日《しきじつ》どおりにおこなわれないことでもよく知られていたからである（下坂　二〇〇四、河内　二〇〇六・二〇〇七・二〇一二）。

それは、戦国時代に入っても同様であり、祇園会についていえば、平均してほぼ二年に一度の割合で本来の六月におこなわれないという、おどろくべき状態におちいっていた（河内　二〇〇六・二〇〇七・二〇一二）。上杉本に描かれたようすだけをみていると、祇園会も毎年かわることなくおこなわれていたかのような印象をうけてしまうが、じつはそうではなかったことが文献史料からはあきらかとなろう。

いっぽう、それに対して、北野祭のほうはといえば、「北野祭沙汰《さた》におよばず、一乱以来の儀なり」（『長興宿禰記《ながおきすくねき》』文明十四年（一四八二）八月四日条）とみえるように、「一乱」（応仁・文明の乱）によって停止に追いこまれ、そののち再興されなかったと考えられている（三枝　二〇一二）。

もっとも、応仁・文明の乱によって停止に追いこまれたのは、北野祭だけではなく、祇園会も、また御霊祭《ごりょうまつり》も同様であった。にもかかわら

155　ひへの山

ず、北野祭の再興が実現をみなかったのは、いずれの神社も洛外に所在するという点では同じでも、祭礼の舞台が祇園会と御霊祭の場合、おもに洛中であったという違いが大きかったのだろう。

そういう意味では、洛中を構成する上京と下京が惣構にとり囲まれていくのと歩調をあわせるかのようにして、戦国時代以降、洛中と洛外の違いもまた、よりきわだつようになっていたといえる。再興されず、失われるかたちとなった北野祭も、あるいはそのような違いを象徴する存在となっていたのかもしれない。

第16図　洛中絵図（船岡山）

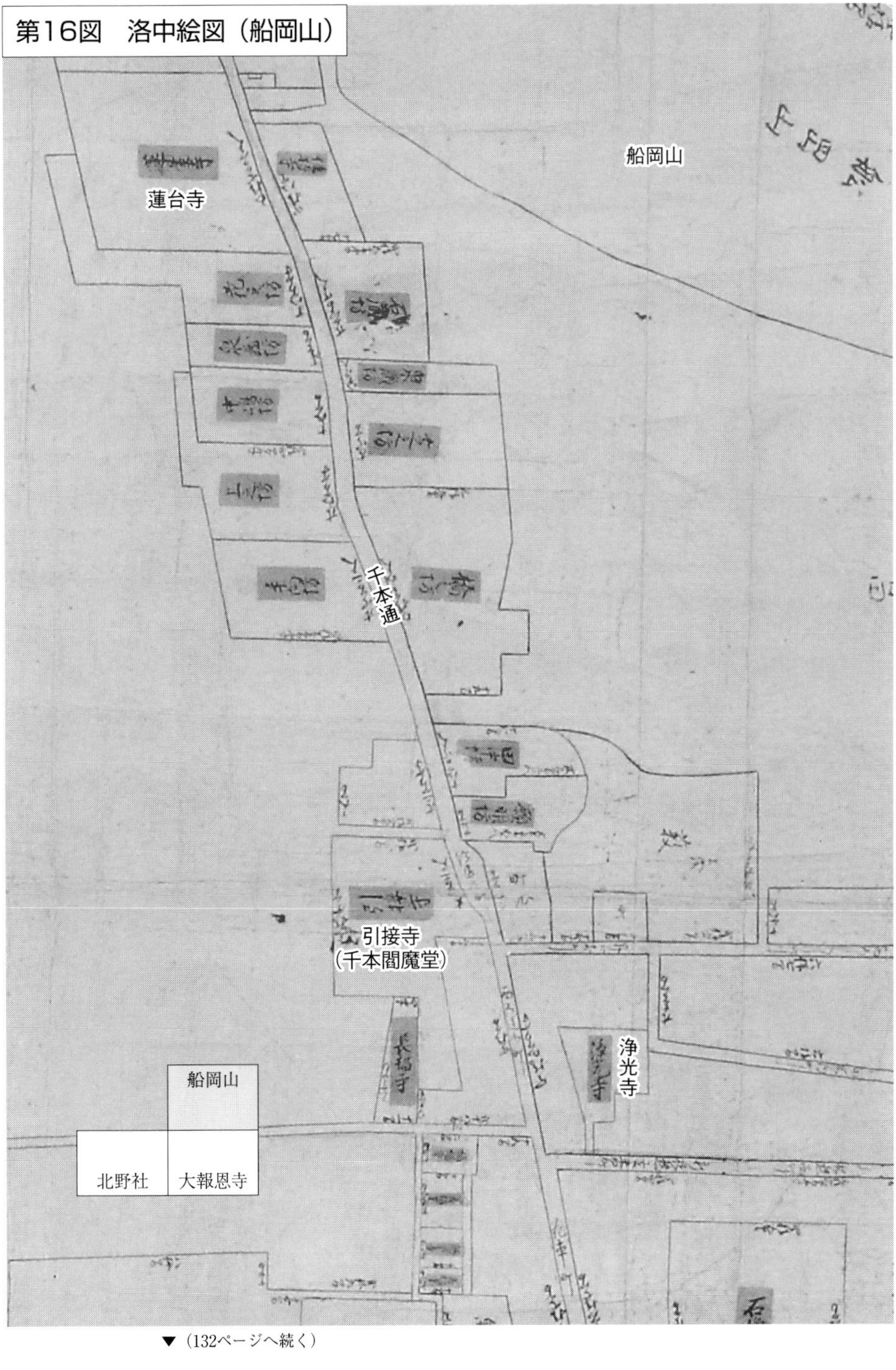

▼（132ページへ続く）

▼（131ページより続く）

第17図　洛中絵図（大報恩寺）

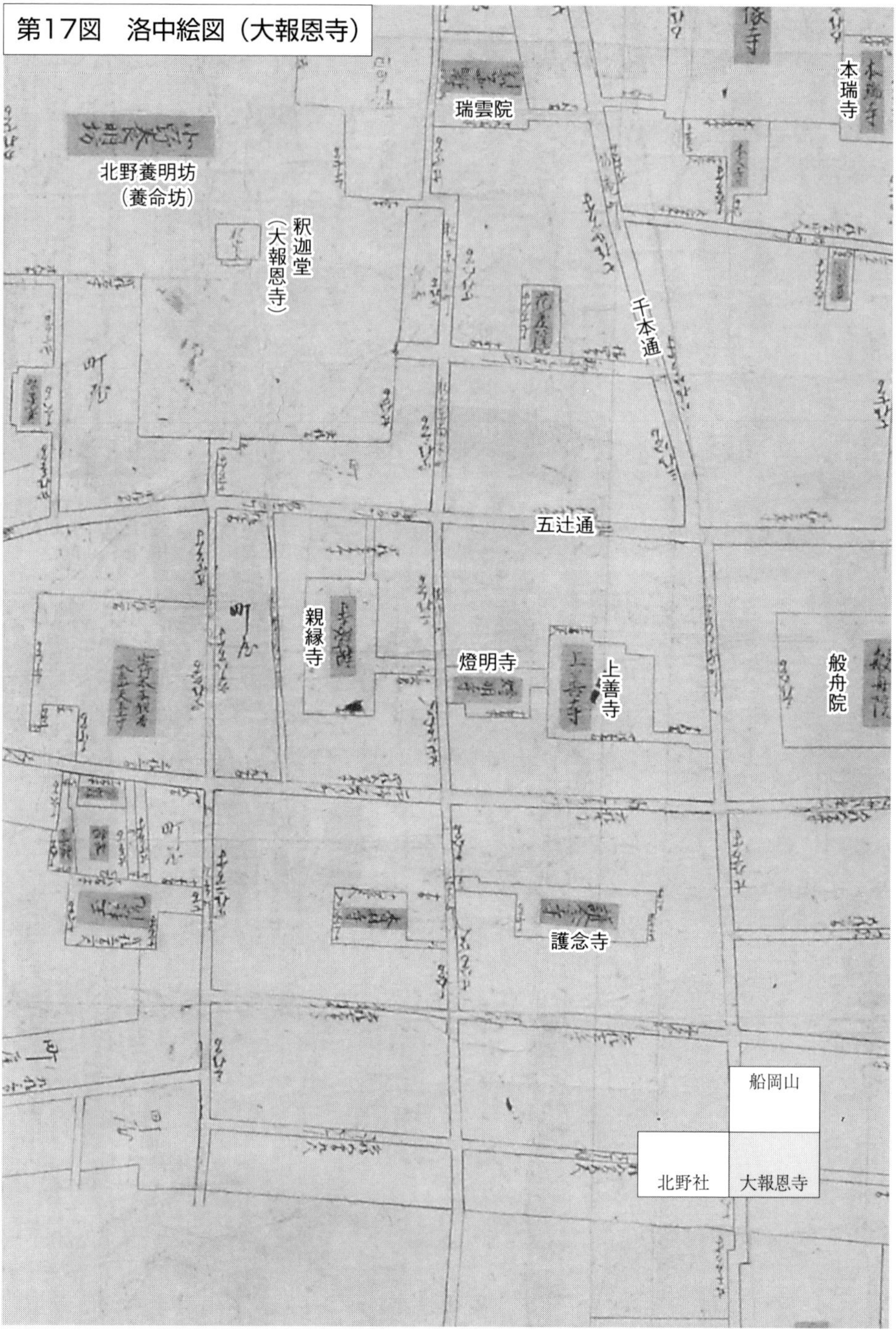

第18図　洛中絵図（北野社）

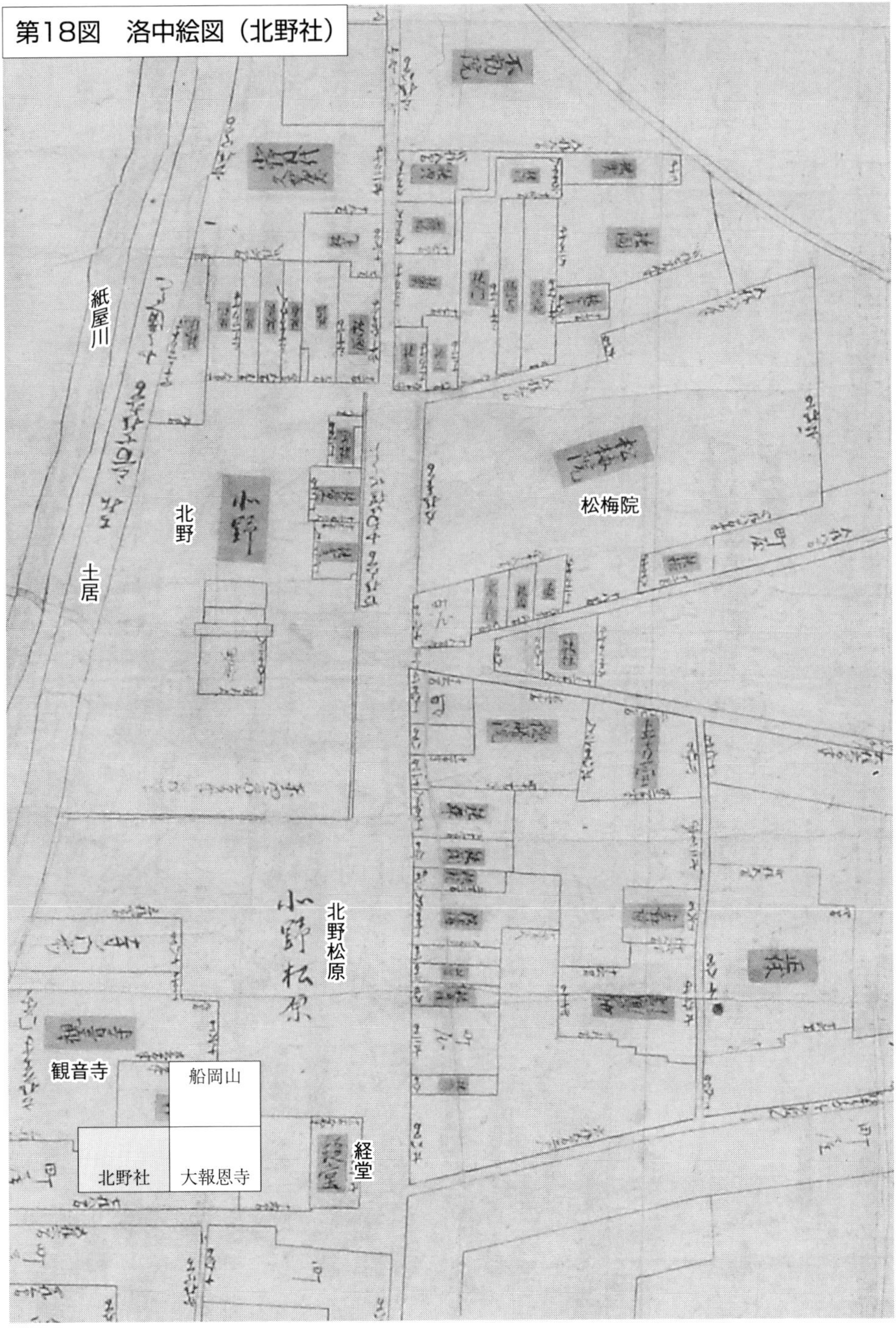

第19図　北野行程図

大徳寺
北大路通
北大路通
船岡山公園
船岡山
紫野北舟岡町
上品蓮台寺
紫野十二坊町
紫野南花ノ坊町
紫野郷之上町
衣笠街道町
衣笠北荒見町
衣笠西御所ノ内町
衣笠御所ノ内町
衣笠東御所ノ内町
衣笠天神森町
衣笠北高橋町
衣笠荒見町
紫野上柏野町
紫野南舟岡町
衣笠高橋町
紫野中柏野町
千本閻魔堂
衣笠大祓町
紫野下柏野町
寺之内通
平野宮北町
老松町
北町
平野神社
平野鳥居前町
七本松通
大報恩寺
鳥居前町
平野宮本町
北野天満宮
五辻通
馬喰町
真盛町
毘沙門町
今出川通
北野東紅梅町
東向観音寺
東今小路町
元誓願寺通
北野経堂跡
七本松通
千本通
笹屋町通
西大路通
紙屋川町
上京区
一条通
西大路
200m

天正三年の旅人―エピローグ―

天正三年の旅人

先にも少しふれたが、天正《てんしょう》三年（一五七五）という年に九州よりはるばる上洛し、洛中洛外を見物してまわった人物がいた。薩摩《さつま》串木野《くしきの》（鹿児島県いちき串木野市）の領主島津《しまづ》家久《いえひさ》である。家久は、戦国大名島津氏の基礎を築いたことで知られる島津貴久《たかひさ》の四男であり、ときの当主義久《よしひさ》の弟にあたる。

その義久の時代、家久は、島津一族が「薩・隅・日」（薩摩・大隅《おおすみ》・日向《ひゅうが》）の「三州をおさめたまうこと、一篇《いっぺん》に御神慮《ごしんりょ》の徳、うたがいなきゆえ」、「大神宮《だいじんぐう》（伊勢神宮）・愛宕山《あたごやま》そのほか諸仏諸神」を「参詣」するため、七月二十日に帰国するまでのおよそ五ヵ月にわたる旅に出る。

『中務大輔《なかつかさたいふ》家久公《いえひさこう》御《ご》上京日記《じょうきょうにっき》』（『中書《ちゅうしょ》家久公御上京日記』）と名付けられた記録は、その五ヵ月にわたる行程を記した旅日記であり（村井　二〇〇六）、その道中のなかで家久が洛中洛外を見物してまわったことが読みとれる（白井　一九九八、野地　二〇一三）。

天正三年といえば、すでに将軍足利義昭《あしかがよしあき》は京都を追われ、洛中洛外は信長によって事実上おさめられていたころにあたる。もっとも、信長は、その拠点をいまだ美濃《みの》岐阜《ぎふ》（岐阜県岐阜市）におき、また上洛したさいにも、妙覚寺《みょうかくじ》や相国寺《しょうこくじ》など洛中の寺院に寄宿していた。

天下統一は、これからが本番という時期だったが、しかしながら、人々の目は、しだいに信長の一挙手一投足《いっきょしゅいっとうそく》に集まりつつあった。実際、家久も、信長と直接対面することはなかったものの、上洛してまもない卯月《うづき》二十一日には、「おさか（大坂）の陣」から帰京する「織田の上総殿《かずさ》」の行列を見物し、「十七ケ国の人数」を擁する「何万騎ともはかりがたき」軍勢のなか、信長が「眠りそうらいて通られそうろう」といったエピソードまで書き残しているほどだからである。

また、六月七日の祇園会《ぎおんえ》（祇園祭）の日には、「四条の道場」（金蓮寺《こんれんじ》）で六角氏の旧臣とおぼしき「近江の進藤」から「武田殿（勝頼《かつより》）と信長の軍物語《いくさものがたり》」、つまり五月二十一日におこったばかりの長篠《ながしの》の戦いについての話を聞いたりもしている。信長に対する関心の高さがうかがえよう。

ところで、江戸時代に上杉家で編纂されたと考えられている『（謙信公）御書集《ごしょしゅう》』によれば、その信長が、この一年ほどまえの天正二年（一五七四）「三月」に、上杉謙信に対して「花洛尽《からくず》くし」の「屛風一双を贈」ったとされている（黒田（日）一九九六）。この「屛風一双」こそ、上杉本と考えられているものにほかならず、もしこれが事実であるとするならば、家久が上洛したとき、上杉本はすでに京都をはなれていたことになろう。

したがって、家久が上杉本を目にすることは物理的にもありえなかったわけだが、エピローグでは、その家久がたどった行程と上杉本を重ねあわせてみることで、わたしたちが歩いてきた行程をふりかえってみることにしよう。

島津家久がたどった行程

薩摩串木野を二月二十日に出立した家久が、京都のうち洛外へと入ってきたのは、およそ二ヵ月たった卯月十七日のことである。まずは、宿願の愛宕山参詣のため、あゆみをすすめたようだが、その行程と上杉本を重ねあわせてみるとつぎのようになる（上杉本の墨書《ぼくしよ》と重なるところのみをゴシックにした。「　」は上杉本の墨書）。

卯月十七日

松尾（松尾社）（「松尾」）↓**法輪寺**《ほうりんじ》（「虚空蔵《こくぞう》」）↓嵐山↓**となせの滝**（戸無瀬滝）（「となせのたき」）↓**大井川**《おおいがわ》（大堰川）（「お、い川」）↓**天龍寺の辺**《あたり》（「天竜寺」）↓こかうの石塔とて桜の木本（小督《こごう》桜）↓芹川《せりかわ》↓**亀山**（「亀山」）↓清滝川《きよたきがわ》↓**愛宕山**（「あたこ」）

右をみてもわかるように、家久の行程は、洛外では思いのほか上杉本の墨書と重なるところが多い。先にもふれたように、家久は上杉本を目にしていない。にもかかわらず、重なるところが多いということは、墨書の記されているところがいずれも著名な名所旧跡として、遠く薩摩にも聞こえていたことを意味するのだろう。また、墨書と重なっていないところも、すべて歌枕《うたまくら》であったことをふまえるならば、家久の京都での行程が寺社参詣を目的としたものであったのと同時に歌枕をめぐるものでもあったことがうかがえる。それを裏づけるように、家久は、京都に滞在しているあいだ、連歌師の紹巴《じようは》や心前《しんぜん》らとの交流をかさね、また連歌会も興行していたことが読みとれるからである。

翌卯月十八日に愛宕山から嵯峨《さが》にくだって以降、家久は、各地をめぐっていくことになるが、そのうち複数の場所をめぐった日について、先ほどのようにまとめてみるとつぎのようになろう。なお、家久は、五月十四日から十七日にかけては近江（滋賀県）をおとずれ、また五月二十七日から六月六日にかけては、もうひとつの宿願であった伊勢参宮や奈良見物などをおこなう。そのため、一時的に京都をはなれることになる。

卯月十九日　嵯峨一見

二尊院（「にそんいん」）↓西行の庵室（跡）↓の、ミや（野宮）↓**嵯峨の尺加堂**《しやかどう》（清凉寺《せいりようじ》）（「さか釈迦堂」）

卯月二十日

広沢の池（「ひろさわのいけ」）↓千代《ちよ》のふる道（千代古道）↓御しよの御影たう↓**北野の天神**（北野社）（「北野」）↓上京↓**細川殿館**（跡）（「細川殿」）↓下京

卯月二十八日　こゝかしこ一見

等持寺《とうじじ》（跡）（「等持寺」）↓**四条の道場**（四条道場、金蓮寺）（「四条のたうじやう」）↓**橋**（四条橋）（「四条のはし」）↓**五条の橋**（五条橋）（「五条のはし」）↓中嶋↓法城寺《ほうじようじ》↓**六原堂**《ろくはらどう》（六波羅蜜寺《ろくはらみつじ》）（「ろくはら」）↓六道の辻（珍皇寺《ちんのうじ》）↓北との皇（堂か）（跡）↓**八坂**《やさか》**の塔**（法観寺）（「やさかのたう」）↓**経かく堂**（経書堂《きようかくどう》）（「きやうかくだう」）↓**子やすのたう**（子安塔、泰産寺《たいさんじ》）（「こやすのたう」）↓真福寺《しんぷくじ》（大日堂）↓三重の塔↓**清水寺**（「清水寺」）↓田村堂《たむらどう》（開山堂）↓**地主権現**《じしゆごんげん》（地主社）（「ちしゆ」）↓鐘↓音羽の滝↓奥の千手↓哥《うた》の中山《なかやま》（歌中山）↓せいかん寺（跡）（清閑寺）↓鳥辺山《とりべやま》↓阿弥陀のたけ（阿弥陀ヶ峰）↓若松の池↓**泉涌寺**《せんにゆうじ》（「せんにふし」）↓三しやうし（三聖寺《さんしようじ》）↓**東福寺**（「東福寺」）↓常楽庵《じようらくあん》↓通天橋《つうてんきよう》↓仏殿・はつたう（法堂《はつとう》）↓山門↓今熊野《いまくまの》（今熊野社）↓なきといへる所（梛《なぎ》の森）↓**三十三間**《さんじゆうさんげん》（三十三間堂、蓮華王院《れんげおういん》）（「三十三間」）↓六原の普門院↓おたきの寺（愛宕寺《おたぎでら》、念仏寺）↓天人寺跡↓**四条の橋**（「四条のはし」）

五月朔日　賀茂の祭礼見物

正国寺《しようこくじ》（相国寺）（「相国寺」）↓御たらし川（御手洗川《みたらしがわ》）↓**たゝすの森**（糺《ただす》森）（「たゞす」）↓賀茂川↓蟬の小川（瀬見《せみ》の小川）↓片岡の森（片岡山）↓神山《こうやま》↓**賀茂**（上賀茂社）（「賀茂」）↓しちく（紫竹）↓斎院《さいいん》・**今宮**（今宮社）（「いまみや」）↓**紫の**（紫野《むらさきの》、大徳寺《だいとくじ》）（「紫野」）↓**七野社**《ななのやしろ》（櫟谷《いちいだに》七野社）（「七野やしろ」）↓**舟岡**《ふなおか》（船岡山）（「舟岡山」）↓**天神の辻といへる口**（清蔵口《せいぞうぐち》）（「せいぞうのてんまんくう」）

五月五日

めやミの地蔵（目疾地蔵《めやみじぞう》、雨止地蔵、仲源寺《ちゅうげんじ》）（「四条なきぢざう」）↓**祇薗**（祇園社、八坂神社）（「きおん」）↓**八坂の塔**（「やさかのたう」）↓雲井《くもい》の寺（跡）（雲居寺《うんごじ》）↓**霊仙**《りょうぜん》（霊山、正法寺《しょうほうじ》か）（「りやうせん」）↓かつらの橋（桂橋寺）↓**双林寺**《そうりんじ》（「さうりんじ」）↓長楽寺《ちょうらくじ》↓**あハた口**（粟田口《あわたぐち》）（「あわた口」）↓**智恩院**《ちおんいん》（知恩院）（「ちおんいん」）↓正《（カ）》院↓**青蓮院**《しょうれんいん》**との丶御館**（青蓮院）（「しやうれん院」）↓**あハた口ニ見猿**《みざる》**・きかさる・いハさる（跡）**（三猿堂《さんえんどう》、庚申堂《こうしんどう》）（「見さるきかさる」）↓**弁慶石**（「へんけい石」）

五月六日

時雨のちん（時雨亭《しぐれてい》）↓観（歓《かん》）喜天《きてん》の御堂↓観（歓）喜寺（跡）↓**千本**《せんぼん》**の釈迦堂**（大法恩寺《だいほうおんじ》）（「北野しやかんたう」）↓**老松**《おいまつ》（老松社）↓紅梅殿（紅梅殿社《こうばいどの》）↓**北野本宮**（「北野」）↓会所↓**一切経堂**（一切経蔵か、あるいは北野経堂か）（「北野きやうだう」）↓末社↓**鹿薗寺**《ろくおんじ》（鹿苑寺）・**金客（閣）**（「金かく」）↓**石不動**《いわふどう》（不動堂）（「石不動」）↓**平野**（平野社）（「平野」）↓**十王堂**《じゅうおうどう》**・千本の桜**（千本閻魔堂《えんまどう》、引接寺《いんじょうじ》）（「千本ゑんまだう」）↓**ふうきやう院御所**（宝鏡寺《ほうきょうじ》か）（「法鏡寺殿」）

五月十四日　志賀《しが》一見

白河（「白川」）↓**志賀の山越**（「いまみちたうげ」）↓なからの山（長等山《ながら》）・**ひゑの山**（比叡山）（「ひへの山」）……近江へ

五月一七日
近江……音羽山《おとわやま》↓四宮川原《しのみやがわら》↓山科《やましな》↓天智天皇のみさゝき↓花山《かざん》の僧正の館↓ハうくハん（判官《ほうがん》）義経のけかけの水↓松阪↓あハた山（粟田山）↓**南祥**（**禅**）**寺**（「南禅寺」）↓**見帰り仏**（永観堂《えいかんどう》）（「やうくわん堂」）↓ぬへ射たる所↓しゆんくハん（俊寛）の居ところ（跡）↓しもかハら（下河原《しもがわら》）
五月二十四日　鞍馬一見
市ハらの阿弥陀（市原小町寺《いちはらこまちでら》か）↓大原↓貴舟《きぶね》（貴船）↓**鞍馬**（鞍馬寺）（「くらま」）↓僧正か谷（僧正谷《そうじょうがだに》）
五月二十七日　伊勢参詣
五条の橋の本（「五条のはし」）……伊勢、奈良
六月六日
宇治……こハた（木幡《こわた》）↓藤の森・深草《ふかくさ》↓すミ染のさくら↓**稲荷**（「いなり山」）↓**三十三間**（三十三間堂）
（「三十三間」）
六月七日　祇園会一見
稲葉堂（因幡堂《いなばどう》、平等寺《びょうどうじ》）（「いなばだう」）↓河原《かわら》の院（跡）（河原院）↓籬《まがき》か嶋（籬池）↓**祇園**（大政所《おおまんどころ》御旅所《おたびしょ》か）（「おうまん所」）↓ほく（鉾）とて六本など↓**四条の道場**（「四条のたうじやう」）

六月八日　下国《げこく》

東寺（「とうじ」）→下鳥羽《しもとば》→鳥羽院の跡、秋の山→舟にて淀川……

随所に「一見」ということばがみられることからもあきらかなように、おのおの場所をじっくりと見たり、参詣したわけではなかったようだが、二ヵ月たらずという短い期間のなかで家久が精力的に各地をめぐっていたことが読みとれる。

とくに、卯月二十八日と五月五日などは、交通の便のよい現在でも、おそらく一日がかりになるであろう行程をこなしており、家久の好奇心旺盛なところが垣間見れる。とともに、その二日をふくめて家久がたどった行程が、だいたいにおいて洛中より洛外の名所旧跡をおとずれるものであったことも読みとれよう。

洛中と洛外

ちなみに、戦国時代に来日した宣教師ルイス・フロイスも、これより先、永禄八年（一五六五）ころに洛中洛外を見物したことが知られている。そして、その見物先とは、「三十三間という寺院」（三十三間堂）、「東福寺」、「祇園」（祇園社）、「清水」（清水寺）、「公方様が住んでいた宮殿」（二条武衛陣《にじょうぶえいのじん》、足利義輝《あしかがよしてる》の新御所）、「内裏の宮殿」、「百万遍という阿弥陀の寺」（百万遍知恩寺）、「細川殿の御殿（跡）」、「ムラ（サ）キノ」（紫野、大徳寺）、「別の一寺」（北野経堂か）、「地獄の判官に奉献された別の一寺」（千本閻魔堂）、「かつてある公方様が静養するために設けた場所」（金閣）、「かつて天下をおさめた、すべての以前の公方たちが生き写しのように描かれていた」「別の一寺院」（等持院《とうじいん》か）、「浄土宗の一寺院」（知恩院か）、「七百年前に弘法大師《こうぼうだいし》という悪魔のような僧侶によって建てられた一僧院」（東寺《とうじ》）というものであった（『フロイス日本史』）。

ここでもまた、その見学先の比重が洛外におかれていたことがうかがえるが、このように、洛外を見物するというありかたが一般的なものだったのかどうかという点については、簡単には比較ができず、判断にこまるところではある。ただ、プロローグのところでもふれたように、上杉本をはじめとした初期洛中洛外図屏風が、洛中を描くのに主眼がおかれていたことをふまえるならば、これらを注文した人々やそれらを描いた絵師たちと、家久やフロイスのような他国からの訪問者のあいだでは、京都＝洛中洛外に対する視線にかなりの違いがみられたということはいえるだろう。

あるいは、家久の場合、卯月二十一日以降、常に「心前同心」とか、「昌叱《しょうしつ》・心前同心」「紹巴同心」とみえるように、紹巴らが「同心」（同道）して各地をめぐっていたことがわかるので、他国からの訪問者へは洛外を案内するといったような、江戸時代後期にみられたありかた（川嶋　一九九九）もすでになりたっていたのかもしれない。

ちなみに、家久は上杉本を目にすることはなかったが、『洛外名所図屏風』（太田記念美術館所蔵）とよばれる「屏風を見て、訪れるべき場所をきめたのかもしれない」（宮島　二〇〇六）とも想定されている。また、近年、この『洛外名所図屏風』のほかにも、初期洛中洛外図屏風と同時期に描かれたと考えられる『東山名所図屏風』（個人蔵）（上野　二〇〇六）や『洛外名所遊楽図屏風』（個人蔵）（狩野　二〇〇六）など、洛外に主眼をおいた絵画史料の存在も注目されている。

このことからすれば、同じ戦国時代の京都とはいっても、洛中と洛外に向ける視線というのは、実際のところ、思いのほか交差しないかたちで存在していたのかもしれない。また、そうしてみると、本書のなかでわたしたちが歩いてきたところ（おもに洛中）と家久やフロイスがおとずれたところ（おもに洛外）とが不思議なほど重なっていないことにも納得がいく。視線の違い、あるいは案内人の違いという点では、むしろ当然のことであったといえよう。

なお、家久が上洛するちょうど二年前の元亀《げんき》四年（天正元年、一五七三）四月に洛中のうち上京は、信長によって焼き討ちされ、内裏周辺をのぞいて一面焼け野原になったことが知られている（河内　二〇一〇）。家久がみた「細川殿館」が「今は荒れはて、跡ばかり」であったのは、そのためだったのかもしれないが、そのいっぽうで、おそくとも天正四年（一五七六）には、町々については、焼き討ち前をしのぐほどに復興をとげていたことも確認できる（河内　二〇一〇）。そういう意味では、上杉本に描かれた上京は、焼き討ち以前のすがたを伝える貴重なものでもあったといえよう。

いずれにしてもこのように、家久が目にすることのできなかった上杉本洛中洛外図屛風という絵画史料は、京都に住まうものや京都を多少なりとも見知ったもの、あるいはまた京都にまったく不案内な他国からの訪問者にとっても、ひとしく見ごたえのあるものであったことがあきらかとなる。

人々を今なおひきつけてやまないゆえんであるが、ただ、そうはいっても、今回、本書のなかでわたしたちがおとずれることのできたところも、その全体からいえば、ごく一部にとどまっているといわざるをえない。しかも、今回おとずれることのできなかったところのなかには、画面には描かれてはいても、墨書もないため（あるいは、墨書があったとしても）、それが何を意味しているのかさえわからないところも少なくないのである。

したがって、今後の研究の進展を待って、ふたたび旅をはじめる必要も出てくることになるだろう。それがいつのことになるのかについてはさだかではないが、そのさいには、またごいっしょしていただくことを願って、ひとまず本書での旅をおわることにしたいと思う。

あとがき

大学卒業後、十数年間つとめた甲南中学・高等学校（兵庫県芦屋市）から異動した京都造形芸術大学芸術学部（京都市）では、通信教育部歴史遺産コースの立ち上げにたずさわることになり、カリキュラムから授業科目の内容、さらには非常勤講師をはじめとした先生方の配置まで、さまざまな仕事をおこなう機会を得た。それまでの中高教員としての仕事とは内容も異なり、とまどうことも少なくなかったが、歴史遺産学科の先生方や職員の方々など関係者のみなさんのご協力もあって、無事、第一期生をむかえることができたときは、ひときわ感慨深かったことを今も記憶している。

しかしながら、もっと強い感動を覚えたのは、スクーリングという対面授業の場で学生のみなさんと直に接したときであった。著者よりはるかに人生経験が豊かな方々や、あるいは日々さまざまな仕事や家事に追われて多忙をきわめているであろう方々が、わざわざ遠方より京都に来られて、著者のつたない話を文字どおり一言ものがすまいと聞き入っている、そのようすを目のあたりにして、まなぶということがどういうことなのか、あるいはまた、それにこたえるためには何をしなければならないのかということを深く考えざるをえなかったからである。

じつは、本書は、そのようなスクーリングの一環として、京都を、しかも観光地ではないところをみてまわるという授業をおこなった経験をもとにしてできあがったものである。現在では、もはや地名や町名しか残されていないところを上杉本（実際には、そのコピー）を片手にみてまわるという、まさに本書でおこなってきたことと同じ内容の授業を実地でためしてみたのであった。

そのことがどれほどの学習効果をもたらしたのかという点についてはさだかではないが、奈良大学文学部（奈良市）に異動した現在でも、さいわいにもその授業は、かたちをかえつつ継続させていただいている。そして、その授業では、京都という歴史都市のすごさと、そのいっぽうで、容赦なくすすむ開発のありさま、しかしそれでもなお残る過去の痕跡というものをあらためて実感する場となっている。

受講生のほとんどは、近畿圏以外の人々が多く、京都に対しては、ひとしく幻想をいだいている場合が多い。修学旅行や観光旅行などで京都をおとずれた経験があるとはいっても、その多くは、本文でもふれた島津家久やルイス・フロイスのように、洛外の、しかも名所旧跡を見学しただけで、洛中をみてまわるといった経験などなかったと考えられるからである。

そのギャップを実感していただくことも、それなりに大事かと思っているが、それとともに、本書でもふれたように、歴史はやはり失われた過去であり、それをどのように復元していくのか、文献史学をふくめた歴史学が担っている意味も考えていただきたいと思い、毎回授業にのぞんでいる。

本書もまた、同じような思いで執筆してはみたものの、生来の悪文ゆえ、読者のみなさんには、読みすすめていくのにさぞかしご苦労をかけたのではないかと思う。歴史学の分野でも、流れるような文章を思いのままにつかいこなし、名文・名著を残されている方々も少なくない。そのようななか、著者のように、推敲すればするほど、校正すればするほどに悪文になっていくというのもまれな部類に入るだろう。

あらためておわびを申しあげるとともに、ひきつづき精進を期すほかはないが、ただ、本書の場合、機会があれば、上杉本を直にみていただいたり、あるいは、現地を歩いていただくだけでも新たな発見が得られるのではないかと思われるので、なにかのきっかけのひとつにでもなれればさいわいに思う。開発の波におおわれたとはいえ、京都の場合、そこかしこになお過去の痕跡が色濃く残っているからである。なお、江戸時代以降の京都についても関心をおもちの方は、京都や洛中洛外を「あるく」ことにかけては先達とあおぐ中村武生氏のご著書（中村 二〇〇八・二〇一〇）をぜひお読みいただければと思う。著者などとはくらべものにないほどの視野の広さとフットワークのよさにひきこまれて、きっとその世界に魅了されるにちがいない。

最後に、図版等の掲載をご許可いただいた米沢市上杉博物館や京都大学附属図書館をはじめとした関係諸機関に対し、あらためて感謝申しあげたいと思う。また、戦国時代の上京・下京図は、高橋康夫氏や山田邦和氏が作成されたものをもとにつくらせていただいたが、ひごろからお世話になっているばかりではなく、このようなかたちでもお世話になることとなり、申しあげることばもない。深く御礼申しあげたいと思う。

そして、著者のような、年齢ばかりを喰っているだけで未熟かぎりない人間に対して過分のお声をおかけいただいた吉川弘文館の一寸木紀夫氏、実際の編集作業でお世話いただいた大熊啓太氏、さらには洛中洛外をいっしょにみて歩いたみなさんにも厚く御礼申しあげて、あとがきにしたいと思う。

二〇一三年十月二十一日

河内将芳

〔付記〕
本書は、二〇一三〜一五年度日本学術振興会科学研究費助成事業・基盤研究C・課題番号二五三七〇八一一の研究成果の一部である。

参考文献（本文中でふれたものに限定した。五十音順）

青木直己「近世老舗商家にみる名跡の継承と由緒―京都饅頭屋九郎右衛門家の場合―」『立正史学』八一号、一九九七年
朝尾直弘『朝尾直弘著作集　第三巻　将軍権力の創出』岩波書店、二〇〇四年a
朝尾直弘『朝尾直弘著作集　第六巻　近世都市論』岩波書店、二〇〇四年b
阿諏訪青美『中世庶民信仰経済の研究』校倉書房、二〇〇四年
天野忠幸『戦国期三好政権の研究』清文堂出版、二〇一〇年
網野善彦『中世の非人と遊女』明石書店、一九九四年
石田尚豊他監修『洛中洛外図大観　町田家旧蔵本・上杉本・舟木家旧蔵本』小学館、一九八七年
今谷　明『室町幕府解体過程の研究』岩波書店、一九八五年
上野友愛「「東山名所図屏風」について」『国華』一三三一号、二〇〇六年
梅澤亜希子「室町時代の北野万部経会」『日本女子大学大学院文学研究科紀要』八号、二〇〇二年
梅澤亜希子「室町時代の北野覚蔵坊―勧進と造営―」『仏教芸術』二九四号、二〇〇七年
岡見正雄・佐竹昭広編『標注　洛中洛外図屏風　上杉本』岩波書店、一九八三年
小澤　弘・川嶋将生『図説　上杉本洛中洛外図屏風を見る』河出書房新社、一九九四年
狩野博幸「狩野永徳筆　洛外名所遊楽図屏風（宇治川・大堰川）」『国華』一三三一号、二〇〇六年
亀井若菜『表象としての美術、言説としての美術史―室町将軍足利義晴と土佐光茂の絵画―』ブリュッケ、二〇〇三年
河内将芳『中世京都の民衆と社会』思文閣出版、二〇〇〇年
河内将芳『中世京都の都市と宗教』思文閣出版、二〇〇六年
河内将芳『祇園祭と戦国京都』角川叢書、二〇〇七年
河内将芳「中世本能寺の寺地と立地について―成立から本能寺の変まで―」『立命館文学』六〇九号、二〇〇八年a

河内将芳『秀吉の大仏造立』法藏館、二〇〇八年b
河内将芳『信長が見た戦国京都―城塞に囲まれた異貌の都―』洋泉社歴史新書y、二〇一〇年
河内将芳『祇園祭の中世―室町・戦国期を中心に―』思文閣出版、二〇一二年a
河内将芳「戦国期京都の祇園会と絵画史料―初期洛中洛外図を中心に―」松本郁代・出光佐千子・彬子女王編『風俗絵画の文化学Ⅱ　虚実をうつす機知』思文閣出版、二〇一二年b
河内将芳『日蓮宗と戦国京都』淡交社、二〇一三年
河内将芳「都市のなかの市―中世京都、五条馬市と三条米場をめぐって―」仁木宏編『【もの】から見る日本史　都市Ⅱ（仮題）』青木書店、二〇一四年予定
川上　貢『日本中世住宅の研究　新訂』中央公論美術出版、二〇〇二年
川嶋將生『中世京都文化の周縁』思文閣出版、一九九二年
川嶋將生『「洛中洛外」の社会史』思文閣出版、一九九九年
鍛代敏雄『中世後期の寺社と経済』思文閣出版、一九九九年
京都市編『京都の歴史4　桃山の開花』学芸書林、一九六九年
清水寺史編纂委員会編『清水寺史　第一巻　通史（上）』法藏館、一九九五年
清水寺史編纂委員会編『清水寺史　第四巻　図録』法藏館、二〇一一年
黒田紘一郎『中世都市京都の研究』校倉書房、一九九六年
黒田日出男『謎解き　洛中洛外図』岩波新書、一九九六年
小泉義博「洛中洛外屛風の農作業風景」『日本史研究』三三七号、一九九〇年
小島道裕『描かれた戦国の京都―洛中洛外図屛風を読む―』吉川弘文館、二〇〇九年
小島道裕「新刊紹介・河内将芳著『信長が見た戦国京都―城塞に囲まれた異貌の都―』」『史学雑誌』第一二〇編七号、二〇一一年
五島邦治『京都町共同体成立史の研究』岩田書院、二〇〇四年

桜井英治『日本中世の経済構造』岩波書店、一九九六年
佐々木創「中世北野社松梅院史の空白―松梅院伝来史料群の批判的研究に向けて―」『武蔵大学人文学会雑誌』第三九巻二号、二〇〇七年
下坂　守「京都の復興―問丸・街道・率分―」『近世風俗図譜3　洛中洛外（一）』小学館、一九八三年
下坂　守『中世寺院社会の研究』思文閣出版、二〇〇一年
下坂　守『描かれた日本の中世―絵画分析論―』法藏館、二〇〇三年
下坂　守「山訴の実相とその歴史的意義―延暦寺惣寺と幕府権力との関係を中心に―」河音能平・福田榮次郎編『延暦寺と中世社会』法藏館、二〇〇四年
下坂　守「大報恩寺の沿革」伊東史朗監修『千本釈迦堂　大報恩寺の美術と歴史』柳原出版、二〇〇八年
下坂　守「中世京都・東山の風景―祇園社境内の景観とその変貌をめぐって―」松本郁代・出光佐千子編『風俗絵画の文化学―都市をうつすメディア―』思文閣出版、二〇〇九年a
下坂　守「中世「四条河原」考―描かれた「四てうのあおや」をめぐって―」『奈良史学』二七号、二〇〇九年b
下坂　守「杓をふる聖たち―中世における勧進聖の活躍―」『二〇〇七年講演録　講座・人権ゆかりの地をたずねて』世界人権問題研究センター、二〇〇九c
下坂　守『京を支配する山法師―中世延暦寺の富と力―』吉川弘文館、二〇一一年
下坂　守「寺社勢力と民衆―「王法仏法相依」論の呪縛からの解放―」『新しい歴史学のために』二八二号、二〇一三年
白井忠功「京都の島津家久―『中書家久公御上京日記』―」『立正大学文学部論叢』一〇八号、一九九八年
新村　拓『日本医療社会史の研究』法政大学出版局、一九八五年
瀬田勝哉『［増補］洛中洛外の群像―失われた中世京都へ―』平凡社ライブラリー、二〇〇九年
高橋慎一朗『中世の都市と武士』吉川弘文館、一九九六年
高橋慎一朗「中世京都、「糸桜」のある庭園」『日本歴史』六七六号、二〇〇四年
高橋康夫『京都中世都市史研究』思文閣出版、一九八三年

高橋康夫『洛中洛外―環境文化の中世史―』平凡社、一九八八年
高橋康夫・吉田伸之編『日本都市史入門Ⅰ　空間』東京大学出版会、一九八九年
高橋康夫『京町家・千年のあゆみ―都にいきづく住まいの原型―』学芸出版社、二〇〇一年a
高橋康夫「織田信長と京の城」日本史研究会編『豊臣秀吉と京都―聚楽第・御土居と伏見城―』文理閣、二〇〇一年b
高橋康夫「室町期京都の都市空間―室町殿と相国寺と土御門内裏―」『中世都市研究9　政権都市』二〇〇四年
高橋康夫「描かれた京都―上杉本洛中洛外図屛風の室町殿をめぐって―」『中世都市研究12　中世のなかの「京都」』二〇〇六年
武田恒夫「洛中から洛外へ―洛中洛外図の成立と終焉をめぐって―」『文学』第五二巻三号、一九八四年
田中香織「戦国期における「七観音詣」「七人詣」について―『言継卿記』『実隆公記』の記載を中心に―」『帝塚山大学大学院人文科学研究科紀要』一一号、二〇〇九年
辻惟雄編『日本の美術121　洛中洛外図』至文堂、一九七六年
徳田和夫「北野社頭の芸能―中世後期・近世初期―」『芸能文化史』四号、一九八一年
長塚　孝「戦国期の馬市に関する史料―「森元氏旧蔵文書」の紹介―」『馬の博物館研究紀要』八号、一九九五年
中村武生『御土居堀ものがたり』京都新聞出版センター、二〇〇五年
中村武生『京都の江戸時代をあるく―秀吉の城から龍馬の寺田屋伝説まで―』文理閣、二〇〇八年
中村武生『中村武生とあるく洛中洛外』京都新聞出版センター、二〇一〇年
仁木　宏『京都の都市共同体と権力』思文閣出版、二〇一〇年
野地秀俊「中世後期京都における参詣の場と人」『新しい歴史学のために』二八二号、二〇一三年
東島　誠『公共圏の歴史的創造―江湖の思想へ―』東京大学出版会、二〇〇〇年
藤井　学『本能寺と信長』思文閣出版、二〇〇三年
藤原重雄「民族誌としての上杉本「洛中洛外図屛風」覚書」『洛中洛外図屛風に描かれた世界』三館共同企画展『洛中洛外図屛風に描かれた　世界』プロジェクトチーム、二〇一一年
本多健一『中近世京都の祭礼と空間構造―御霊祭・今宮祭・六斎念仏―』吉川弘文館、二〇一三年

マシュー・マッケルウェイ「「北野経王堂」と「諏訪の神事」―室町時代京名所扇面図の場と記憶―」松本郁代・出光佐千子編『風俗絵画の文化学―都市をうつすメディア―』思文閣出版、二〇〇九年
三枝暁子『比叡山と室町幕府―寺社と武家の京都支配―』東京大学出版会、二〇一一年
宮島新一「洛外名所図屛風」『国華』一三三一号、二〇〇六年
村上紀夫「「繁昌神社」考―洛中小社研究序説―」東アジア恠異学会編『怪異学の技法』臨川書店、二〇〇三年
村井祐樹「史料紹介　東京大学史料編纂所所蔵『中務大輔家久公御上京日記』」『東京大学史料編纂所研究紀要』一六号、二〇〇六年
桃崎有一郎『中世京都の空間構造と礼節体系』思文閣出版、二〇一〇年
山路興造『京都　芸能と民俗の文化史』思文閣出版、二〇〇九年
山田邦和『京都都市史の研究』吉川弘文館、二〇〇九年
山田邦和『日本中世の首都と王権都市―京都・嵯峨・福原―』文理閣、二〇一二年
山本雅和「中世京都の堀について」『研究紀要（京都市埋蔵文化財研究所）』二号、一九九五年
横田冬彦「城郭と権威」『岩波講座日本通史　第11巻　近世1』一九九三年

著者紹介

一九六三年　大阪府大阪市生まれ
一九八七年　京都府立大学文学部卒業
一九九九年　京都大学大学院人間・環境学研究科博士課程修了。
京都大学博士（人間・環境学）。
甲南中学高校教諭、京都造形芸術大学芸術学部准教授を経て、
現在、奈良大学文学部教授

〔主要著書〕
『祇園祭と戦国京都』（角川叢書、二〇〇七年）
『秀吉の大仏造立』（法藏館、二〇〇八年）
『信長が見た戦国京都』（洋泉社歴史新書y、二〇一〇年）
『祇園祭の中世』（思文閣出版、二〇一二年）
『日蓮宗と戦国京都』（淡交社、二〇一三年）

歴史の旅　戦国時代の京都を歩く

二〇一四年（平成二十六）三月一日　第一刷発行

著　者　河《かわ》内《うち》将《まさ》芳《よし》
発行者　前田求恭
発行所　株式会社　吉川弘文館
郵便番号一一三―〇〇三三
東京都文京区本郷七丁目二番八号
電話〇三―三八一三―九一五一〈代表〉
振替口座〇〇一〇〇―五―二四四
http://www.yoshikawa-k.co.jp/

印刷＝株式会社　平文社
製本＝ナショナル製本協同組合
装幀＝下川雅敏

ISBN978-4-642-08101-6

索　　引

本文中の固有名詞に限定.「　」は上杉本に記された墨書

あ　行

秋の山　141
朝倉貞景　10
足利義昭　4,5,28,34,96,135
足利義詮　79
足利義輝　4,29,34,37,38,64,141
足利義晴　4
足利義政　18
足利義満　8,37,121
愛宕山(「あたこ」)　135,137
姉小路(姉小路通り)　75
油小路(油小路通り,「油小路とをり」)　63,65
安倍晴明　93
阿弥陀ヶ峰　138
嵐　山　137
粟田口(「あわた口」)　9,10,106,107,108,109,139
粟田山　140
イエズス会日本年報　68,69
一条(一条大路, 一条通り)　6,8,19,20,25,36,45,47,49,76,79
市原の阿弥陀　140
因幡堂(平等寺,「いなはだう」)　79,80,81,140
稲荷社(稲荷大社,「いなり山」)　77,140
今熊野社　138
今出川通り→北小路
今宮社(「いまみや」)　138
忌明塔(伴氏廟)　125,126,127
「入江殿」(三時知恩寺)　31,34
石清水文書　53
「石不動」　139
上杉家文書　39
上杉謙信(長尾景虎)　2,38,39,40,136
浮　橋　100
宇　治　140
牛若(源義経)　92
歌中山　138
内　野　121
宇野主水日記　64
姥柳町　68,69
馬市(五条馬市)　77,78
裏千家今日庵　22
裏築地町　38
雲居寺(雲井の寺)　139
永観堂(「やうくわん堂」)　140
延暦寺(延暦寺大衆)　45,46,85,96,128,129
御池通り→三条坊門
老松社　139
応仁記　18
応仁・文明の乱(応仁の乱)　18,19,20,55,57,108,122,129,134
応仁略記　128
大堰川(「おゝ川」)　137
正親町(正親町小路, 正親町通り)　45
正親町天皇　4
大館常興日記　46
大　原　140
大政所御旅所(おうまん所)　81,82,83,102,140
大政所町　83
大宮(大宮大路, 大宮通り)　63
小川通り　19,25
押小路(押小路通り)　59
大施餓鬼会　123
愛宕寺(念仏寺)　138
織田信忠　61,64
織田信長　2,4,5,28,36,38,39,60,61,64,66,68,77,78,90,96,104,117,135,136,143
音羽山　140
表千家不審庵　22
御湯殿上日記　29,43

か　行

臥雲日件録　108
覚蔵坊　121
冠者殿(「くわぢやとの」)　102
片岡の森(片岡山)　138
桂橋寺(かつらの橋)　139
勘解由小路(下立売通り)　37
兼見卿記　60,61,62,64,66,104
兼右卿記　64
狩野永徳　2,22
上賀茂社(賀茂別雷神社,「賀茂」)　138
上御霊社(御霊神社,「上ごりやう」)　16,18,19,25
上立売通り→西大路
上妙覚寺町　64
「亀山」　137
鴨川(賀茂川)　90,97,104,106,111,138
鴨長明　115
烏丸(烏丸小路, 烏丸通り,「烏丸とをり」)　37,49,53,55,56,57,59,79,83,84,85
河原院　140
河原町通り　74
願阿弥　95
歓喜寺　139
歓喜天の御堂　139
函谷鉾　83,84
勧　進　94,95,103,104
寛文新堤　111
看聞日記　47,75
祇園会(祇園祭)　20,69,72,75,76,81,82,83,85,100,129,130,136
祇園会山鉾事　73
祇園大鳥居(祇園大鳥井, 四条

大鳥居）　*103,111*
祇園社（八坂神社）　*72,77,81,82,128,139,141*
祇園社記　*82*
北野経堂（北野経王堂，「北野きやうだう」）　*116,120,121,122,123,124,139,141*
北小路（今出川通り）　*8,40*
「北野しやかんたう」→大報恩寺
北野社家日記　*123,124,125*
北野社（北野天満宮，「北野」）　*115,116,120,121,125,127,128,138,139*
北野松原　*124*
北野祭　*129,130*
貴　船　*140*
経書堂（「きやうかくだう」）　*138*
京極大路（東京極大路，寺町通り）　*6,73,81,100,102,108*
京　雀　*57,116*
京都御役所向大概覚書　*19,25,77,84,104*
清滝川　*137*
「清水寺」　*95,96,98,138,141*
清水寺参詣曼荼羅　*92,94*
清水橋　*96*
金閣（「金かく」）　*139,141*
九条大路　*6*
「公方様」　*28,37,38,39*
鞍馬口　*9*
鞍馬寺（「くらま」）　*140*
黒川道祐　*118*
継孝院（「けいかういん殿」）　*21,34,42*
慶寿院　*34*
厳助往年記　*37,38,39,103*
建内記　*47*
公儀橋　*104*
光照院（「光照院殿」）　*31*
革堂（行願寺，「かうだう」）　*42,43,44,84,85,128*
革堂町　*43*
革堂仲之町　*43*
革堂西町　*43*
紅梅殿社　*139*
神　山　*138*
小川（「こかは」）　*22,25,27,42,43,47*
小川の観音（「こかはのくはんおん」）　*25,27*
小督桜　*137*
五条（五条大路，五条通り，松原通り）　*75,77,78,79,98*
古城町　*64*
五条橋（「五条のはし」）　*90,91,92,93,94,95,96,97,98,103,104,106,109,110,111,138,140*
五条橋通り　*98*
五条坊門（五条坊門小路，五条坊門通り，仏光寺通り）　*63*
（謙信公）御書集　*2,136*
後土御門天皇　*81*
後奈良天皇　*4*
「近衛殿」　*31*
近衛尚通　*34,42*
近衛政家　*120*
後法興院記　*19,120*
後法成寺関白記　*34*
米　場　*53,55,56*
子安塔（泰産寺，「こやすのたう」）　*138*
御霊祭　*20,49,75,76,129,130*
木　幡　*140*

さ　行

斎　院　*138*
嵯　峨　*111,137*
嵯峨釈迦堂（清凉寺，「さか釈迦堂」）　*137*
酒　屋　*45,46*
実隆公記　*10,21,80,81*
誠仁親王　*61*
実躬卿記　*16*
三猿堂（「見さるきかさる」）　*139*
三十三間堂（蓮華王院，「三十三間」）　*138,140,141*
山州名跡志　*60,110*
三条（三条大路，三条通り）　*45,53,55,56,57,59,85,106,108,109,110,111*
三条大橋　*109,110*
三条大橋擬宝珠銘　*110*
三聖寺　*138*
三条橋　*106,107*
三条坊門（三条坊門小路，三条坊門通り，御池通り）　*62,63*
山王（日吉神社，「三わう」）　*74,79*
志賀山越（「いまみちたうげ」）　*139*
地主社（地主神社，「ちしゅ」）　*138*
四条道場（金蓮寺，「四条のたうじやう」）　*100,136,138,140*
四条（四条大路，四条通り）　*35,59,69,74,81,83,100,102*
四条橋（「四条のはし」）　*90,100,102,103,104,106,111,138*
四条坊門（四条坊門小路，四条坊門通り，蛸薬師通り）　*65,66,68,69*
紫　竹　*138*
四宮河原　*140*
島津家久　*93,107,135,136,141,142,143*
島津貴久　*135*
島津義久　*135*
下河原　*140*
下古城町　*64*
下立売通り→勘解由小路
下鳥羽　*141*
下妙覚寺町　*64*
蔗軒日録　*79*
十四日山々（後の祭）　*72,74*
聚楽第（聚楽城）　*48*
正（カ）院　*139*
聖護院　*34*
「相国寺」　*19,136,138*
昌　叱　*142*
成就院（清水寺成就院）　*95*

少将井御旅所(せうしやう院) 81,82,83,102
少将井町 83
紹 巴 137,142
松梅院 124,125
上品蓮台寺 116,117
青蓮院(「しやうれん院」) 139
白河(「白川」) 139
汁谷越え 96,109
汁谷(渋谷，馬町，「しるたに」) 96,97
心 前 137,142
信長公記 36,38,39
真福寺(大日堂) 138
新町通り→町
神明(姉小路神明，高松神明神社，「しんめい」) 75,79
菅原是善 126
菅原道真 124,125,126
朱雀大路(千本通り) 6,116
墨 染 140
清閑寺 138
誓願寺(「せいくわんじ」) 42,43
醒酔笑 45
清蔵口(天神の辻といへる口，「せいぞうのてんまんくう」) 139
瀬見の小川(蝉の小川) 138
芹 川 137
禅昌院(「ぜんしやう院」) 21,22
千秋万歳歌 77
泉涌寺(「せんにふし」) 138
千利休(千宗易) 48
千部経会 122,123
千 本 116,117,118
千本閻魔堂(柏野閻魔堂，引接寺，十王堂，「千本ゑんまたう」) 117,118,119,139,141
千本通り→朱雀大路
千本普賢堂(「千本ふけん堂」) 117,119
惣 構 8,11,16,21,22,25,47,62,63,64,65,75,76,78,79,83,130
宗及他会記 117
惣 門 36,37
双林寺(「さうりんじ」) 139
尊卑分脈 34

た 行

大覚寺(「大かくじ」) 34
大黒堂(「大こくだう」) 93,94
大心院(「たひしんゐん」) 21,22,29
大念仏狂言(千本ゑんま堂大念仏狂言) 118
大仏(大仏殿，東山大仏) 97,110
大仏橋 97,110
大仏橋通り 98
太平記 59,94
大報恩寺(千本釈迦堂，北野釈迦堂，「北野しやかんたう」) 116,119,120,121,122,139
内裏(「内裏様」) 4,60,143
孝親公記 61
武田勝頼 136
蛸薬師通り→四条坊門
糺森(「たゞす」) 138
立売(立売辻，「たちうり」) 35,36
伊達家文書 48
「玉津島」(新玉津島神社) 78
多聞院日記 53
丹波口→西七条口
知恩院(「ちおんいん」) 139,141
親長卿記 20,81,122
池亭記 6
長楽寺 139
千代古道 138
珍皇寺(六道の辻) 138
月 鉾 59
徒然草 119
帝王編年記 6
手傀儡 123
出水通り 19
寺町通り→京極大路
「典厩」 27,28,29
天人寺 138
天文法華の乱 4,43,46,56
天龍寺(「天竜寺」) 137
東寺(「とうじ」) 141
等持院 141
「等持寺」 138
東寺執行日記 55
東博模本(東京国立博物館模本洛中洛外図屛風) 41,106
「東福寺」 138,141
蟷螂山 100
言国卿記 117
言継卿記 28,37,39,44,45,76,80,97,118,122,123
言経卿記 60,61,69,117
時慶記 48
徳川家康 90
徳政御下知頭人加判引付 53
徳大寺実淳 42
「徳大寺殿」 41,42
土佐光信 10
土 倉 45
百々橋 25,27
戸無瀬滝(「となせのたき」) 137
富小路(富小路通り) 79
伴氏廟→忌明塔
豊臣秀吉(羽柴秀吉) 22,28,29,48,63,64,90,97,102,104,110,111
鳥辺山 138
不問物語 21

な 行

長興宿禰記 129
長坂口(「なかさか」) 9
中 島 91,92,93,138
中務大輔家久公御上京日記(中書家久公御上京日記) 93,107,135
中御門宣胤 118
長刀鉾 73,100
梛の森 138
七口(京七口) 9,55
七人詣(七人まいり) 80,81
七野社(櫟谷七野社，「七野やし

ろ」) *138*
七日山鉾(前の祭) *72, 73, 74, 82*
「南禅寺」 *108, 140*
南蛮寺(被昇天の聖母マリア教会) *68, 69*
新玉津島神社→「玉津島」
西大路(上立売通り, 「にちおち」) *8, 35*
西七条口(丹波口) *9*
西朱雀通り *116*
西の京 *115*
西洞院大路(西洞院通り, 「西洞院とをり」) *59, 63, 65, 66, 68, 75*
二条(二条大路, 二条通り) *6*
「二条殿」 *59, 60, 61, 62, 63*
二条晴良 *60*
二水記 *44, 72, 84, 125, 126*
二尊院(「にそんいん」) *137*
日葡辞書 *8, 41*
蜷川家文書 *55*
日本教会史 *9*
鶏 鉾 *72*
仁和寺 *79*
野 宮 *137*
宣胤卿記 *80, 119*

は 行

白楽天山 *83, 84*
馬上銭(馬上役) *45, 46*
畠山稙長 *80*
畠山町 *41*
畠山辻子(「はたけ山のつし」) *40, 41, 42*
畠山政長 *18, 19*
畠山義就 *18*
場町(場之町) *53, 56, 59, 78, 106*
晴富宿禰記 *63*
晴豊記 *117*
比叡山(「ひへの山」) *139*
日吉小五月会 *45*
日吉社(日吉大社) *74, 128*
東洞院(東洞院大路, 東洞院通り, 「東洞院とをり」) *84*
東向観音寺 *126*
東山名所図屛風 *142*
悲田寺(「ひんてん寺」) *79, 80*
日次紀事 *118*
百万遍(知恩寺, 「百万へん」) *42, 43, 44, 47, 141*
平野社(「平野」) *139*
広沢池(「ひろさわのいけ」) *138*
武衛(武衛陣, 武衛陣町, 「ふゑい」) *38, 141*
深 草 *140*
福長(福長神社, 「ふくなか」) *74*
藤 森 *140*
伏 見 *97*
藤原俊成 *79*
仏光寺通り→五条坊門
船岡山(「舟岡山」) *116, 117, 138*
船 鉾 *73*
風流踊 *76*
フロイス日本史 *43, 68, 128, 141*
風呂(「ふろ」) *44, 46*
碧山日録 *10, 95*
弁 慶 *92, 109*
弁慶石(「へんけい石」) *107, 108, 110, 139*
弁慶石町 *109*
報恩寺(「ほうおん寺」) *60*
宝鏡寺(「法鏡寺殿」) *25, 27, 28, 34, 42, 43, 65, 139*
方丈記 *6, 115*
法城寺 *93, 94, 98, 111, 138*
法輪寺(「虚空蔵」) *137*
北越軍記 *10*
北斗堂(北との皇) *138*
細川勝元 *18, 19, 21*
細川澄之 *21*
細川高国 *79*
細川尹賢 *79*
「細川殿」 *27, 28, 31, 138, 141, 143*
細川晴元 *5, 122*
細川政元 *21*
細川両家記 *38*
法性寺大路 *97*
堀川(堀川小路, 堀川通り) *19, 47, 48*
本城惣右衛門覚書 *66*
本能寺(「法能寺」) *61, 65, 66, 69*
本能寺の変 *61, 66, 68, 69*
本能寺文書 *65*
本法寺 *22*

ま 行

籬池(籬か嶋) *140*
増田長盛 *110*
町(町尻小路, 町通り, 新町通り, 「町とをり」) *35, 68, 75, 76*
松尾社(「松尾」) *137*
松永久秀 *5*
松永久通 *5, 38*
松原通り→五条
松原橋 *98*
饅頭屋町 *56, 57, 85, 106*
饅頭屋町文書 *56, 57, 59*
万部経会 *121, 122, 123*
御手洗川 *138*
「南御所」(大慈院) *25*
壬生家文書 *6, 47*
壬生晴富 *63*
妙覚寺(「めうかくじ」) *22, 61, 62, 63, 64, 65, 136*
妙顕寺(「めうけんじ」) *22, 29, 31, 63, 64, 65*
妙顕寺文書 *63*
妙法院(「めうほういん」) *96*
三好三人衆 *5, 38*
三好宗三 *122*
「三好筑前」 *29*
三好筑前守義長朝臣亭江御成之記 *29*
三好長慶 *5, 29*
三好義興(義長) *29*
武者小路 *8*
宗賢卿記 *18*
村井貞勝 *78, 104*
「紫野」(大徳寺) *138, 141*

室町頭町　*35,36,38*
室町頭町文書　*35*
室町河　*59,72*
室町家御内書案　*35*
室町(室町小路，室町通り，「室町とをり」)　*9,34,35,36,37,38,40,45,56,59,62,68,69,72,74,75,76,77*
「室町殿」(花の御所)　*8,37,40*
明月記　*96*
明徳の乱　*121*
めやミの地蔵(目疾地蔵，雨止地蔵，仲源寺，「四条なきぢざう」)　*139*
元誓願寺通り　*43*
元百万遍町　*43*
戻橋(一条戻橋，「もとりはし」)　*47,48*
森元氏旧蔵文書　*77,78*

や　行

「やうたいゐん」(永泰院か)　*22,25*
薬師寺備後(「やくし寺ひんこ」)　*25,27*
八坂神社文書　*100*
八坂塔(法観寺，「やさかのたう」)　*138,139*
康富記　*85*
八瀬童子会文書　*45,46*
山科(山階)　*108,109,140*
山科定言　*117*
山科言継　*28,44,45,80,118,123*
山科言経　*60*
山名持豊(宗全)　*18*
遺教経会(千本の釈迦念仏)　*119*
影向松(やうがう松)　*124,125*
雍州府志　*25,93,94,95,116,117,118,119,124,125,126*
養命坊(養明坊)　*121*
吉田兼見　*62*
吉田家日次記　*37,78,92,121*

ら　行

洛外名所図屏風　*142*
洛外名所遊楽図屏風　*142*
洛中絵図　*3,124*
洛北千本大報恩寺縁起ならびに由致拾遺　*120,121*
暦仁以来年代記　*80*
霊山(正法寺，「りやうせん」)　*139*
林浄因　*57*
ルイス・フロイス　*141,142*
歴博乙本(国立歴史民俗博物館乙本洛中洛外図屏風)　*106*
歴博甲本(国立歴史民俗博物館甲本洛中洛外図屏風)　*8,11,41,59,63,76,79,91,103,106,127*
蓮成院記録　*57,66*
老人雑話　*59*
鹿苑寺　*139*
六条坊門小路　*97*
六道の辻→珍皇寺
六波羅(「ろくはら」)　*96,97*
六波羅蜜寺　*96,138*
六角(六角小路，六角通り)　*65,84*
六角堂(頂法寺，「六かくだう」)　*44,56,84,85,128*

わ　行

若松の池　*138*
鷲尾隆康　*125,126*

京都地図一覧

洛中絵図は京都大学附属図書館所蔵

第１図　全行程位置図　*12*
第２図　洛中絵図（上御霊社）　*32*
第３図　洛中絵図（宝鏡寺）　*33*
第４図　洛中絵図（一条辻）　*50*
第５図　洛中絵図（革堂跡）　*51*
第６図　上京行程図　*52*
第７図　洛中絵図（六角堂）　*69*
第８図　洛中絵図（本能寺跡）　*70*
第９図　洛中絵図（因幡堂）　*86*
第10図　洛中絵図（五条室町）　*87*
第11図　下京行程図　*88*
第12図　洛中絵図（大仏橋，松原通り）　*99*
第13図　洛中絵図（四条通り）　*105*
第14図　洛中絵図（三条大橋，弁慶石町）　*113*
第15図　鴨川行程図　*114*
第16図　洛中絵図（船岡山）　*131*
第17図　洛中絵図（大報恩寺）　*132*
第18図　洛中絵図（北野社）　*133*
第19図　北野行程図　*134*

図版一覧

＊は米沢市上杉博物館所蔵

口　絵
1　鴨川にかかる五条大橋から北をのぞむ
2　上杉本洛中洛外図屏風・右隻（下京隻）＊
3　上杉本洛中洛外図屏風・左隻（上京隻）＊
4　六角堂頂法寺
5　御霊神社（上御霊社）
本　文
1　戦国時代の洛中と洛外，上京と下京　*7*
2　戦国時代（信長上洛後）の上京・下京　*14*
3　現在の祇園御旅所　*15*
4　上ごりやう＊　*16*
5　戦国時代の上京　*17*
6　御霊神社（上御霊社）本殿　*18*
7　相国寺　*19*
8　応仁の乱勃発地の石碑　*19*
9　神輿と剣鉾がすすむ御霊祭＊　*20*
10　御霊祭（現在の剣鉾）　*20*
11　けいかういん殿・たひしんゐん＊　*21*
12　ぜんしやう院＊　*21*
13　妙顕寺　*22*
14　妙覚寺　*23*
15　妙覚寺に建てられた天文法華の乱殉教碑　*23*
16　狩野家累代の墓所　*23*
17　本法寺　*24*
18　裏千家今日庵　*24*
19　表千家不審庵　*24*
20　やうたいゐん・南御所・法鏡寺殿・櫓＊　*25*
21　百々橋礎石　*25*
22　やくし寺ひんこ・こかはのくはんおん・百々橋＊　*26*
23　宝鏡寺　*26*
24　宝鏡寺西南隅・百々橋跡（東から）　*26*
25　細川殿＊　*27*
26　典厩＊　*28*
27　三好筑前・冠木門・光照院殿＊　*29*
28　三好筑前跡（泉妙院，妙顕寺興善院旧跡地，尾形光琳菩提所）　*30*
29　左が光照院，右が細川殿跡（北から）　*30*
30　光照院　*30*
31　三時知恩寺　*31*
32　新町校舎にある近衛殿解説板　*31*
33　入江殿・近衛殿・にしおち・たちうり＊　*34*
34　立売辻（北から）　*34*
35　室町頭町＊　*35*
36　現在の室町頭町（北から）　*36*
37　一条辻（西から）　*36*
38　公方様・裏築地町＊　*37*
39　ふゑい＊　*38*
40　武衛陣跡　*38*

41　立売辻より裏築地町（北から）　*39*
42　北小路・はたけ山のつし・徳大寺殿*　*40*
43　室町第址の石碑　*40*
44　現在の畠山町（南から）　*41*
45　せいくわんじ・かうだう・鐘・ふろ・百万へん*　*42*
46　左の茂みが小川の跡，左奥がかつての革堂　*43*
47　小川跡に残る橋　*43*
48　ふろ*　*44*
49　百万遍跡（南から）　*44*
50　現在の革堂行願寺　*45*
51　小川跡と一条通りの合流点から戻橋方向を望む　*46*
52　もとりはし*　*47*
53　一条戻橋（東から）　*47*
54　百万遍から御霊祭へ*　*48*
55　三条烏丸・場町・饅頭屋町*　*53*
56　戦国時代の下京　*54*
57　三条烏丸にある京都市道路元標　*55*
58　三条烏丸（西から）　*55*
59　場之町（北から）　*56*
60　饅頭屋町（東から）　*57*
61　天正年間の饅頭屋町の屋敷地割　*58*
62　二条殿・三条坊門通り*　*59*
63　三条坊門烏丸（左が二条殿跡）　*59*
64　二条殿跡　*60*
65　二条殿の名を伝える交番　*60*
66　三条坊門室町（右が二条殿跡，左が妙覚寺跡）（東から）　*61*
67　めうかくじ・めうけんじ・しんめい*　*62*
68　右が妙覚寺跡（南から）　*63*
69　妙顕寺跡の石碑　*64*
70　西洞院通り・木戸門・櫓門・六角通り・法能寺・四条坊門通り*　*65*
71　かつて櫓門があった六角西洞院（南から）　*66*
72　明智勢も通った四条坊門西洞院（西から）　*66*
73　秀吉の時代に移転した現在の本能寺　*67*
74　本能寺跡の石碑　*67*
75　織田信孝によって建てられた信長の墓　*67*
76　姥柳町・室町通り*　*68*
77　本能寺跡（左）から姥柳町方面を望む　*71*
78　南蛮寺跡の石碑　*71*
79　鶏鉾*　*72*
80　長刀鉾*　*73*
81　船鉾*　*73*
82　三わう*　*74*
83　山王町（北から）　*74*
84　日吉神社　*75*
85　高松神明神社　*75*
86　風流踊*　*76*
87　馬市*　*77*
88　かつて下京惣構の木戸門があった五条室町（南から）　*77*
89　玉津島・ひんてん寺*　*78*
90　いなばたう*　*79*
91　新玉津嶋神社鳥居　*80*
92　新玉津嶋神社社殿　*80*
93　因幡薬師石柱　*81*
94　因幡堂平等寺　*81*
95　おうまん所*　*82*
96　大政所御旅所社　*82*
97　せうしやう院*　*83*
98　函谷鉾・白楽天山*　*83*
99　六かくだう・鐘楼*　*84*
100　六角堂頂法寺　*85*
101　六角堂頂法寺鐘楼　*85*
102　清水寺　*89*
103　鴨川*　*90*
104　五条のはし・大こくだう*　*91*
105　現在の五条大橋に建てられた弁慶と牛若像　*92*
106　法城寺・大こくだう*　*93*
107　清水寺参詣曼荼羅（清水寺所蔵）　*94*
108　大黒天像（清水寺所蔵）　*95*
109　清水寺成就院　*95*
110　清水寺･ろくはら･しるたにめうほういん*　*96*
111　六波羅蜜寺　*97*
112　汁谷越（東から）　*97*
113　五条大橋（西から）　*98*
114　松原橋（東から）　*98*
115　四条のはし・四条のたうじやう*　*100*
116　長刀鉾・蟷螂山・くわぢやとの・榎木*　*101*
117　四条大橋（東から）　*101*
118　八坂神社（祇園社）　*101*
119　冠者殿社　*102*
120　現在の御旅所に渡御した神輿　*102*

121 祇園大鳥居（歴博甲本）（国立歴史民俗博物館所蔵） *103*
122 祇園大鳥居跡あたり（東から） *103*
123 きおん* *104*
124 あわた口・へんけい石* *106*
125 粟田口 *106*
126 粟田口から鴨川（歴博乙本）（国立歴史民俗博物館所蔵） *107*
127 三条通りと鴨川の接点に描かれた橋（歴博甲本）（国立歴史民俗博物館所蔵） *107*
128 へんけい石* *108*
129 現在の弁慶石 *109*
130 南禅寺 *109*
131 三条大橋（東から） *110*
132 三条大橋の擬宝珠 *110*
133 三条大橋付近に残る石柱 *111*
134 三条大橋西詰に残る寛文新堤 *111*
135 北野天満宮中門 *115*
136 舟岡山・千本ふけん堂* *116*
137 上品蓮台寺 *117*
138 船岡山から北野方向を眺める *117*
139 千本ふけん堂・千本ゑんまだう* *118*
140 千本ゑんま堂引接寺 *119*
141 北野しやかんたう・北野* *119*
142 大報恩寺本堂 *120*
143 大報恩寺太子堂 *120*
144 北野きやうだう・北野松原 *121*
145 北野天満宮大鳥居と北野松原 *122*
146 北野経堂跡あたり *123*
147 影向松・忌明塔* *124*
148 現在の影向松 *125*
149 忌明塔跡の鳥居 *125*
150 東向観音寺 *126*
151 伴氏廟（忌明塔） *126*
152 北野* *127*
153 北野天満宮社殿 *128*
154 延暦寺東塔根本中堂 *129*
155 ひへの山* *130*